LE CONGRÈS ET LA PRÉPONDÉRANCE DE L'EUROPE

Par Ire AMIEL

L'homme est un étrange problème : il pleure un mort et se lamente près du lit d'un mourant; il se jette à l'eau pour sauver un vaurien ; et il se fait une gloire de faire tuer, en un jour, cent mille hommes sur un champ de bataille. Les rois qui ont créé cette erreur peuvent la détruire.

PARIS
DENTU, LIBRAIRE
GALERIE D'ORLÉANS, 17-19, PALAIS-ROYAL.

1864

La fatalité antique gouverne-t-elle encore le monde? A voir ce qui se passe en plein XIXᵉ siècle, malgré la vive lumière qui rayonne de toutes parts, on serait tenté de le croire, tant il se produit d'étranges contradictions entre la direction obstinément suivie et la direction manifestement indiquée par les faits, par la situation générale et le sentiment universel des nations européennes.

Il n'est pas un esprit tant soit peu réfléchi qui ne sente le temps venu pour les peuples de l'Europe de vivre en paix; et de tous les côtés on parle de guerre.

Depuis longtemps désabusées de tous ces antagonismes stériles qui ravagèrent le monde ancien et désolèrent le moyen âge, les nations modernes savent que la prospérité de chacun relève de la concorde entre tous, et l'on ne craint pas d'aviver, sous les plus frivoles prétextes, la défiance et la désunion.

Instruits par une rude expérience, les peuples faciles et confiants prodiguent à leurs gouvernements trésors, armées, obéissance et dévouement, et les gouvernements s'obstinent à se défier de leurs peuples, se tiennent inquiets, soupçonneux, souvent fort durs, quelquefois oppresseurs.

Sous l'empire d'une civilisation rapidement progressive et qui dégage déjà, dans la conscience de tous, la souveraineté de la justice, les peuples se sentent chaque jour de plus en plus reliés par une solidarité réciproque, et sympathisent aux intérêts comme aux souffrances les uns des autres, avec l'ardeur d'une réelle fraternité. Les gouvernements, au contraire, quoique tous solidaires par nature et par nécessité, se désunissent, se contrecarrent, se font sourde guerre ou guerre ouverte, et ne semblent avoir de plus sérieux souci que de se faire mutuellement échec.

Il leur suffirait d'un généreux élan pour entrer en intime alliance avec leurs peuples, résoudre entre eux tous leurs différends et s'assurer, du même coup, une autorité incontestée et des jours glorieusement tranquilles; et ils préfèrent s'opiniâtrer dans leurs dissentiments, dans leurs jalouses convoitises et se condamner à une vie laborieusement vécue entre la défiance pusillanime et la secousse imminente. Peur de leurs sujets, peur de leurs voisins, peur de la vérité, peur de l'idée, peur du progrès. Beaucoup d'entre eux dépérissent dans leur lit de Procuste, étouffent dans leur armure du moyen âge; mais rien ne peut leur faire croire qu'on peut être gouvernement, roi, prince, empereur, et vivre en franche confiance avec ses gouvernés et en paix sincère avec ses voisins. On dirait qu'ils se complaisent à rêver ténèbres en plein soleil; et dans le lumineux mouvement qui a tout transformé, vivifié, agrandi autour d'eux, eux seuls, Epiménides obstinés, restent immobiles, hautains, inexorables, ne nourrissant qu'une idée : arrêter, vaincre la révolution, comme si l'on pouvait retenir le soleil, faire remonter le fleuve ou déplacer l'Océan! On a beau leur dire : Mais la révolution vous a donné une Europe cent fois plus belle, cent fois plus riche, cent fois plus forte, cent fois plus heureuse, cent fois plus morale; elle a mis en vos mains des budgets quatre fois plus gros et surtout mieux assurés. Tout en vous ayant débarrassés des parasites et des mendiants, qui jadis assiégeaient votre épargne et infestaient vos palais, elle a grandi votre rôle dans l'humanité, en vous donnant des hommes à gouverner, à la place de serfs à nourrir; elle a assuré à votre génie, si vous en avez, une décisive influence, d'abord par les moyens d'action qu'elle a mis à votre disposition, ensuite en vous faisant un invincible auxiliaire de la conscience de l'Europe, qui vient à vous résolûment, partout et toujours, quand vous faites bien. Rien ne les éclaire, plusieurs en sont encore à rêver la conquête de chétives provinces ou à faire obstacle à l'essor du voisin.

Vainement on leur met sous les yeux un compte simple et clair : Depuis 1820, cherchez la cause de toutes les guerres, de tous les déchirements de l'Europe; elles sont toutes le fait des gouvernants; pas une n'appartient aux peuples : guerre d'Espagne en 1823, exagération de la prérogative royale; insurrection de la Grèce, brutale tyrannie de la Porte; insurrection de la Hongrie et de la Pologne, dure compression, iniques traitements des gouvernements de Vienne et de Pétersbourg; guerre de Crimée, ambition aveugle de Nicolas Ier; guerre d'Italie, souterraine usurpation, tyrannie à froid de l'Autriche; guerre du Danemark, guet-apens de la Prusse, complicité inexplicable de l'Autriche.

Au bout de ce rude chemin, où vous vous obstinez à marcher, malgré les aspérités, les angoisses et les désordres que vous y avez rencontrés, depuis quarante ans, la révolution se dresse devant vous calme, résolue, avec l'invincible conscience qu'elle a de sa force, et vous convie à entrer sincèrement en communion avec les peuples, à renoncer à vos idées de caste, d'autocratie et de personnelle convoitise, vous offrant une autorité définie et respectée; elle ne vous pose qu'une condition, gouverner avec justice, paternelle sollicitude et rendre partout à l'activité, à l'initiative humaines les libertés dont elles ont besoin pour vous conquérir à vous-mêmes une prospérité de plus en plus grande et à l'Europe une civilisation splendide. La bonne fortune vient à vous facile et assurée. Vous n'avez qu'à vous donner la main entre vous aujourd'hui, et demain commencera pour l'Europe une ère de paix, de grandeur et de puissance, que les hommes n'auront jamais vue. Vos trônes seront partout consolidés; votre héritage passera à vos enfants, sans alarmes; les peuples, qui n'aiment pas plus les révolutions que vous, vous béniront; et dans l'universel apaisement, vous-mêmes, vous trouverez cette pleine liberté d'homme que vous n'avez jamais connue, au milieu de vos courtisans, des ténébreuses menées de vos diplomates, des soubresauts et contremarches de votre vieille politique sans issue comme sans horizon.

Plusieurs d'entre vous ont déjà le sentiment très-net de la situation qui se présente, et sont prêts à y entrer. L'empereur de Russie, le plus empêché de vous tous par l'état politique de ses peuples et par l'abrupte question polonaise, a déjà porté sa pensée sur la féconde transaction exigée par le temps, et confessé franchement la nécessité d'entrer dans une voie nouvelle. La seule obstination de quelques-uns d'entre vous le retient, parce que l'œuvre qui vous est demandée par la civilisation est une œuvre d'ensemble.

Jusqu'à quand les whigs anglais et les philosophes de Vienne et de Berlin résisteront-ils à la raison? Nul ne le sait; mais avec la rapidité du mouvement qui entraîne l'Europe, leur résistance ne saurait être longue. Les idées vont vite sur le fil électrique et sur la moderne locomotive. La solidarité des intérêts, déjà partout établie et comprise, pousse chaque jour les peuples à une politique solidaire; quand cette dernière évolution se sera accomplie, toute résistance sera brisée ; l'Europe ne deviendra ni cosaque ni croate, mais le Cosaque et le Croate se feront européens.

C'est du haut de ce magnifique point de vue que

l'empereur Napoléon III a vu, avec son ferme coup d'œil, la possibilité de terminer, d'un seul coup, toutes les dissidences et de fonder la paix. Le congrès qu'il a inopinément proposé aux puissances n'a pas d'autre sens ni d'autre motif : Honni soit qui mal y pense ! Son langage peut défier jusqu'au plus satanique soupçon. *Ayons*, a-t-il dit, *le courage de substituer à un état maladif et précaire une situation stable et régulière, dût-elle coûter des sacrifices. Réunissons-nous, sans système préconçu, sans ambition exclusive, animés par la seule pensée d'établir un ordre de choses fondé désormais sur l'intérêt bien compris des souverains et des peuples.*

La proposition de l'empereur Napoléon, en mettant à nu la situation de l'Europe, pose le principe de toute solution, supprime la secousse et ouvre large et sûre la voie à tout progrès. Jamais question ne fut plus digne d'être étudiée ; elle est de celles qui, une fois passées dans la conscience des nations, brisent tous les mauvais vouloirs pour le salut de l'humanité.

I

DÉFINITION DU CONGRÈS.

Quand une grande idée se révèle, elle est d'abord méconnue; les esprits surpris se défient; les vulgaires combinaisons protestent; mais le plus grand obstacle qu'elle rencontre, c'est l'obstination de ceux qui croient le monde gouverné par la sagesse elle-même, du moment où ils en tiennent les destinées dans leurs mains. Cependant, si l'idée trouve, sur son chemin, un esprit puissant qui la proclame et la protége, elle ne tarde pas à rallier l'opinion générale. Alors l'utopie de la veille devient la vérité du lendemain; et le monde reste étonné d'avoir résisté à ce qu'il reconnaît maintenant si vrai, si simple et si utile. Ce sera là le destin de l'idée du congrès proposé par l'empereur Napoléon III, pour le plus grand bien de l'Europe et le plus rapide progrès de la civilisation moderne.

Pourtant, à considérer l'étrange allure de la Prusse et de l'Autriche en Allemagne, la singulière conduite de l'Angleterre et tels autres symptômes qui accuseraient des desseins plus confus et plus téméraires, le congrès devrait être indéfiniment ajourné et l'Europe rejetée dans de nouvelles épreuves. Il dépend à coup sûr de quelques folles ambitions de rouvrir la voie des aventures. Mais tout ce qui est raisonnable en Europe a le droit d'espérer que la raison l'emportera et que la sagesse des gouvernements se mettra résolûment à la hauteur de ses devoirs et de son temps. Il y a dans la conscience de tous les peuples de l'Europe l'invincible conviction que tous les embarras tiennent uniquement aux fausses idées que plusieurs gardent encore sur la nature du gouvernement, qui s'obstinent à le subordonner à leurs vues personnelles, au préjudice de l'intérêt général, au risque même de condamner leurs propres peuples à d'interminables misères. C'est toujours l'esprit du moyen âge qui lutte opiniâtrément contre le génie de la civilisation moderne. Jusques à quand durera cette lutte ? Il dépend des nations de la faire cesser ; mais il faut que l'esprit public s'en préoccupe et se mette en sérieux souci de faire aussi son œuvre, dans un dernier combat qui reste à livrer. La presse européenne a devant elle le plus beau champ qui puisse jamais s'ouvrir à son intelligence; elle peut y remporter sa plus belle victoire et y conquérir la paix de l'Europe; elle n'a qu'à vouloir; un peu d'entente et d'élan y suffiront. Elle a triomphé de bien des résistances et brisé de plus redoutables obstacles; sur le terrain qu'elle a déjà tant déblayé, elle ne peut pas laisser quelques aveugles tout compromettre pour leurs convoitises, arrêter le progrès et rejeter l'Europe dans des luttes insensées, dont le sang des peuples ferait tous les frais, qui d'ailleurs ne peuvent aboutir qu'à une navrante négation. Le congrès avant la guerre marque à tous le chemin à suivre pour sortir du cercle fatal où de misérables antagonismes et des cupidités déplorables retiennent l'Europe. Il faut donc pousser énergiquement au congrès. Le thème est magnifique pour la presse ; un impérieux devoir l'y appelle. Elle y trouvera la gloire d'un grand service rendu à l'humanité.

L'idée du congrès avant la guerre est à elle seule une révolution ; c'est l'appel à la raison substitué à celui de la force; c'est la confiance réciproque mise à la place de la ruse et des artifices de la diplomatie ; c'est la foi dans le droit et le bien remplaçant la convoitise et les ambitions malsaines; c'est le droit des faibles abrité désormais dans la conscience des forts ; c'est la sagesse dans la fortune; c'est la puissance proclamant elle-même, à la face du monde, la supériorité de la raison et la défaite définitive de la féodalité ; c'est la royauté comprenant son rôle dans son vrai sens et l'élevant à la hauteur d'une magistrature, conviant les peuples à tous les sentiments de justice et de fraternité, donnant au monde le magnifique spectacle qu'il n'a jamais vu, l'assemblée des rois réunis en conseil pour supprimer la guerre et ouvrir à l'activité humaine le champ de toutes les nobles conquêtes. Le congrès avant la guerre, c'est la fin de la vieille politique qui n'a jamais su trouver la sagesse qu'après l'hécatombe humaine; c'est l'inauguration de la politique de l'humanité; c'est enfin la triomphale entrée des droits de l'homme dans la diplomatie. L'idée du congrès est une idée si juste, d'une économie si pratique, d'une portée si haute et si décisive, que tout le monde sera forcé d'y arriver; elle est plus qu'une solution, c'est le principe de toutes les solutions.

En effet, de deux choses l'une : ou bien la politique est une science réelle et progressive, destinée à améliorer le sort des peuples, à élever le gouvernement des hommes jusqu'aux lois de la raison, de la justice et de l'humanité, et à régler la police des États comme l'action des gouvernants, en vue du plus grand bien possible; ou bien elle n'est qu'un artifice plus ou moins ingénieux, à l'aide duquel la force, l'égoïsme et la passion exploitent les cités et les nations, avec plus ou moins d'habileté, au profit de leur convoitise ou de leur orgueil.

Dans le premier cas, partout où un conflit ou une souffrance se manifestent, c'est à la raison et à la justice et non à la force ni à la violence qu'il faut demander la solution ou le remède, parce que la force ajourne ou déplace le conflit, mais ne le résout pas, et que la violence, au lieu de diminuer le mal, l'irrite, l'aggrave et l'étend. L'empereur Napoléon, dans sa proposition de congrès, n'a pas été seulement le plus sage et le plus éloquent des diplomates; mais, avec son esprit net et profondément investigateur, il a encore signalé le caractère et la méthode de la politique future. Sa loyale parole a mis la raison des sages et le bon sens des peuples en demeure de prendre, dans le gouvernement des choses humaines, le pas sur l'intrigue, la cupidité et le stérile antagonisme.

Dans le second cas, il faut renoncer à parler de civilisation et de progrès, qui ne sont plus que ridicules affirmations et décevantes utopies; il faut professer nettement que tout l'art de la politique consiste à être le plus fort ou le plus rusé, et que la force seule constitue le droit, et le succès le mérite. Machiavel reste définitivement l'évangéliste de la politique, et il n'y a plus qu'à relancer l'âge moderne dans la guerre à outrance du monde ancien. En ce cas, l'empereur Napoléon a eu tort de citer aux assises de la raison, de la libre discussion et de l'équité les séculaires sectateurs de la ruse, de l'envie et de la violence, et mylord Russell devient le grand-prêtre de la sagesse diplomatique.

Mais le monde européen, déjà traversé par tant de salutaires courants, d'ailleurs si fatigué de tumultes et de batailles, déjà si fortement incliné à la justice, au respect de la dignité comme de la liberté humaines, chaque jour de plus en plus pénétré de l'idée que tous les peuples sont solidaires du droit et de la sécurité de chacun, ce monde enfin si profondément remué par toutes les nobles aspirations de l'humanité, consentira-t-il à livrer ses plus chers intérêts aux caprices d'une politique tortueuse et routinière? Consentira-t-il à compromettre sa civilisation et sa fortune dans des luttes fratricides que quatre lignes de loyale explication peuvent partout et toujours éviter? Consentira-t-il à marquer éternellement le pas, dans l'ornière des vieux politiques, pour l'unique satisfaction de quelques vanités ombrageuses ou de quelques égoïsmes impitoyables, qui mesurent la grandeur et la prospérité de leur patrie à la faiblesse et aux misères des autres peuples? On peut avoir la ferme confiance que non; et quand c'est un puissant empereur qui, au vif assentiment du plus grand nombre des princes européens, fait appel à la conciliation, à l'étude en commun des questions comme des besoins des peuples, enfin à la transaction éclairée de toutes les dissidences, on peut affirmer que le monde ne reculera pas, que la vieille politique est à bout et que la nouvelle est fort près de commencer.

Le moment que l'empereur Napoléon prend pour jeter tout à coup son idée de congrès à la diplomatie troublée, confuse, et plus inquiète peut-être de son intérêt personnel que de la question d'humanité, est choisi avec un sens remarquable. Les passionnés n'y voient qu'un expédient. On y reconnaîtra plus tard une vue plus nette des choses, avec le calme et ferme sentiment d'une solution pratique et durable.

II

ÉTAT DE L'OPINION. — FIN DE LA GUERRE EN EUROPE.

L'Europe en effet se trouve dans un de ces moments critiques, où les peuples se laissent conduire selon que ceux qui les mènent sont à la hauteur de leur mission, et où les gouvernements se trempent ou se perdent dans l'estime des gouvernés. Définitivement classées et tenant également à leur sol et à leur nationalité, les nations de l'Europe répugnent à tout déplacement comme à tout asservissement. De là leur inquiète susceptibilité contre tout ce qui affecte l'esprit de conquête; de là leur éternel et irréductible effort vers la liberté. Mais édifiées par cinquante ans de guerres, de révolutions et d'antagonisme, elles ont toutes acquis un sentiment plus vrai du droit, de la justice, de la sociabilité et du devoir international. A des degrés divers, mais partout, se dégage progressivement le sentiment de l'humanité; l'étranger n'est plus ni l'ennemi ni le rival, mais l'hôte du foyer retrouvant presque partout la patrie, parce que partout son simple titre d'homme lui assure un droit au respect de tous, et que la violation de ce droit est mise au ban de la conscience européenne. Du Maroc à la Sibérie ce sentiment se propage et devient chaque jour une plus forte sauvegarde.

Quand les peuples en sont là, on peut encore les faire batailler en faussant la vérité, en drapant la calomnie, en alarmant les intérêts; mais déjà la guerre ne peut être ni longue ni générale, parce que tout le monde y répugne, et que le sujet du conflit ne peut tarder à disparaître devant la raison.

Si à ce sentiment de l'humanité qui marque déjà un si grand progrès dans la civilisation et transforme déjà profondément l'élément social, viennent s'ajouter la communion des idées, la même horreur de tout fanatisme et le même sentiment de tolérance, un quotidien échange de rapports, la communauté de circulation et par-dessus tout la solidarité des intérêts, il semble difficile que l'on n'arrive pas vite à reléguer la guerre au nombre de ces extrémités exceptionnelles auxquelles l'honneur et la justice n'ont pas besoin de recourir. Or, ne touchons-nous pas à cette situation? N'y sommes-nous pas déjà? La fortune et le crédit de chaque peuple s'escomptent, chaque jour et à la même heure, à Madrid et à Saint-Pétersbourg, à Londres et à Vienne, à Turin et à La Haye, à Paris et à Berlin; la politique féodale peut donc chercher encore à aviver les vieux antagonismes de race, de religion ou de mœurs, à exciter l'esprit de représailles ou l'orgueil des combats, elle reconnaîtra bientôt qu'elle poursuit une chimère. Les peuples ne se battent que quand ils sont emportés par la haine de race ou par la soif de la conquête, ou bien quand ils ne sont encore qu'un instrument aveugle entre les mains des castes ennemies ou des aristocraties ambitieuses. C'est l'époque de leur enfance ou de leur barbarie. Mais quand ils ont âge d'homme et que la civilisation leur a donné le sentiment d'eux-mêmes et de leurs intérêts, ils veulent savoir pour quoi et pour qui ils se battent. Ils ne se battent déjà plus en Europe pour personne. Pour les faire se lever, il faut leur parler uniquement de droit à protéger, de juste cause à revendiquer, d'humanité à relever ou à défendre. La guerre en Europe leur fait d'autant plus d'horreur qu'ils savent que la victoire, de quelque côté qu'elle soit, frappe également le vainqueur et le vaincu, dont les existences deviennent chaque jour de plus en plus solidaires.

La fin de la guerre européenne est donc proche ; et, à mesure que les esprits montent vers la raison des choses, elle devient de plus en plus un non-sens fratricide. Toutefois, les nations européennes, fortement sensibles à tout ce qui touche au patriotisme, suivent résolûment la voix de leurs gouvernements, à la moindre parole qui met l'honneur de la patrie en jeu ; et les princes de l'Europe doivent reconnaître que leurs peuples se battent aujourd'hui avec un courage et une résolution qui les honore d'autant plus, qu'ils croient moins à la guerre et qu'ils raisonnent davantage. Cette héroïque docilité indique une discipline et un respect du gouvernement, que les temps antérieurs n'avaient jamais connus. Mais aussi ce dévouement des peuples mesure la responsabilité des gouvernements ; celle-ci n'a jamais été ni aussi haute ni aussi émouvante ; personne, en effet, ne saurait envisager ces immenses hécatombes de la guerre moderne sans une navrante émotion ; le gouvernement qui n'épuiserait pas tous les moyens d'éviter la guerre, ne serait ni à la hauteur de son temps ni digne de durer. Devant la conscience de l'Europe, la défense du sol de la patrie ou de l'opprimé contre le fort peut seule légitimer la guerre européenne ; hors de l'Europe, l'intérêt de la civilisation, qui est la fin suprême de l'humanité, constitue le droit de guerre contre tout ce qui s'attaque aux droits de l'humanité. Mais, en Europe, la patrie est depuis longtemps si bien définie, que le seul mouvement des idées relève déjà, fortes et invincibles, les nationalités dans la pensée de tous et infirme complétement toute idée d'oppression, dans les maisons royales qui seraient tentées de garder quelque chose de la politique féodale. Les guerres de Crimée et d'Italie sont, sur ce point, deux enseignements décisifs et deux conquêtes plus décisives encore de la civilisation. Les conséquences heureuses qu'elles ont eues en Russie, où la première a précipité l'émancipation des paysans, et en Autriche, où la dernière a fait éclore la liberté politique, mettent en vive lumière, non-seulement la forte idée qui a entrepris ces deux guerres, mais encore la puissance de l'esprit moderne. La France, qui les a si résolûment faites, peut répéter avec un sens profond : *L'empire, c'est bien réellement la paix*. Tout ce qui pense en Europe sera de son avis.

Mais si la cause et le but de la guerre, en Europe, se réduisent désormais à la revendication ou à la défense de ce que l'humanité a de plus noble et de plus sacré, il est certain que les sujets de conflit doivent devenir de plus en plus rares, presque impossibles, avec le rapide progrès des idées européennes ; et il doit être déjà évident, pour tous ceux qui pensent, que l'heure est venue, où le conseil, la loyale explication et la médiation sincère et résolue doivent suffire pour tout concilier, quelles que soient la cause ou l'espèce des dissidences qui peuvent survenir.

L'empereur Napoléon a donc fortement compris son temps, ouvert une grande voie et prononcé un noble mot de la politique future, en proposant le *congrès*. Quand l'histoire commencera pour lui, ce sera un de ses grands titres devant la postérité. Son idée s'imposera d'elle-même à la conscience des peuples. Elle est le sûr moyen de sauvegarder le sang des générations. En fondant la politique générale sur le concert européen, elle fait échec à tout ce qui est injuste, excessif, nuisible, comme à tout ce qui craint le grand jour. Mais elle assure l'avantage à tout ce qui est juste, noble et pratique.

II

CARACTÈRE DE LA VIEILLE POLITIQUE; CELUI DE LA NOUVELLE.

On s'étonne que ceux qui ont les plus grands intérêts engagés dans le monde, et qui certainement auraient le plus à perdre dans une conflagration européenne, aient repoussé ou ajourné l'idée du congrès; il fallait pourtant s'y attendre; outre que l'âme des diplomates est toujours un peu froide et que son premier sentiment est la méfiance, on n'entraîne pas si vite les vieilles politiques hors de leur ornière, on ne les amène pas surtout à une théorie franche et lumineuse qui fonde ses solutions sur la justice et l'intérêt général, quand pendant longtemps elles ont trouvé ou cherché leur avantage dans les conflits, dans les fautes, ou même dans les malheurs de l'Europe. Les lignes indécises, les transactions confuses, les conseils irrésolus, et, par-dessus tout, les antagonismes aveugles servent leurs calculs et laissent le champ toujours ouvert aux combinaisons de leur ambition personnelle. Telle a été toujours la vieille diplomatie, une chasse à l'affût; pour elle une porte n'était jamais ni fermée ni ouverte.

Quand la politique n'avait pour foyer que le cabinet du monarque ou le bureau d'une chancellerie, et pour contrôle que la cour, ce système pouvait suffire aux situations. Tout se décidant dans la pénombre d'un monde officiel très-borné, l'habileté, la ruse, le calcul étaient des armes sûres pour les esprits déliés qui savaient les manier. Les peuples, isolés par des frontières hostiles, parqués surtout dans une ignorance profonde, sans nulle action dans le débat, n'étaient, à vrai dire, que les pions plus ou moins solides que la main du diplomate faisait mouvoir sur le redoutable échiquier.

La politique d'alors était, avant tout, affaire de prince ou d'empereur, d'aristocratie ou de caste, se faisant d'ailleurs sur un théâtre obscur, où tout était souvent à la merci de l'accident; on comprend facilement le rôle qu'avaient à y jouer le calcul, la finesse, l'artifice, et, il faut bien le dire aussi, l'intrigue. On y conçoit jusqu'à un certain point un égoïsme impitoyable. La partie se jouait entre princes, sur la tête des peuples qui en formaient l'enjeu ; il fallait la gagner à tout prix.

Le premier moyen de la gagner, c'était de tromper son ennemi, le second de le diminuer le plus possible ; le piller, l'affamer, le détruire, c'était le coup du maître. Que pouvaient importer au système les misères des peuples et la désolation de la terre, pourvu que le royal vainqueur eût satisfaction et triomphe? Le roi ou la caste, maîtres de par le droit de la force qu'ils avaient eu l'esprit d'appeler *le droit divin*, menaient le monde à leur idée, réglaient le sort des peuples, à leur point de vue ; le troupeau n'avait rien à y voir. La politique entre monarques pouvait être un échec perpétuel et meurtrier ; les peuples n'avaient qu'à obéir et à servir les coups des maîtres. La politique pour eux se réduisait à une question de sang à verser.

Mais reste-t-il quelque chose de ce vieux monde? Où est le prince, où l'empereur, où la caste qui pourrait faire longtemps de la politique sérieuse exclusivement à son profit et à l'encontre de la justice et de la civilisation? Quel est le cabinet, quel est le sanctuaire où un égoïsme quelconque pourrait nourrir une pensée malsaine et hostile, sans que l'esprit européen ne vînt la surprendre et l'exposer au jour sévère de l'opinion? Il reste certainement encore de funestes illusions sur certains points de l'Europe, où l'on s'obstine à la vieille tactique, et où l'on murmure tout bas l'anathème perpétuel contre la révolution, où l'on demande au ciel le retour du vieux temps, et où l'on regarde d'un œil oblique et dédaigneux tout ce qui représente le droit et la justice de l'idée moderne ; l'on y savoure le plaisir de calomnier tous ces parvenus qui poussent au progrès et travaillent résolûment à diminuer pour les générations modernes la misère morale comme la misère physique, les uns sur le trône, les autres derrière leur blason, ceux-ci dans la science, ceux-là dans l'industrie. Certainement l'âge présent assiste à un singulier retour des choses ; c'est que les maudits ne sont plus seulement parmi les chercheurs de l'idée, ni parmi ceux qui meurent de faim ; la génération présente voit aussi et salue parmi les maudits, des empereurs, des rois, des princes et de fort grands seigneurs ; et ces nobles maudits, en donnant la main aux idées modernes, non-seulement impriment une plus forte impulsion au mouvement qui transforme et agrandit toutes choses, mais proclament la fin de la vieille politique. Le vieux système épuisé sans retour n'est donc plus qu'un contre-sens, qu'un anachronisme dans lequel les partis attardés ou obstinés peuvent nourrir leurs illusions, mais où les gouvernements de l'Europe ne peuvent plus se compromettre.

Les nations européennes, sans exception, sont pénétrées et remuées par l'esprit nouveau, esprit de justice, de liberté, de mesure, d'ordre et d'humanité. Toutes veulent intervenir dans leurs affaires ; elles affirment, avec une conscience déjà ferme, le tutélaire principe d'autorité; mais elles manifestent partout leur répulsion pour tout ce qui affecte le privilége, l'asservissement, l'intolérance, l'oppression ou l'iniquité. De quelque côté que vienne l'atteinte au droit ou à l'humanité, elle rencontre la même réprobation. Prince ou peuple, aristocratie ou démocratie, caste ou classe, l'oppresseur est mis au ban de la conscience générale; et celui-là même qui, s'inspirant d'un patriotisme étroit, oserait chercher le bien de son pays dans la misère ou la chute des autres, serait désavoué par sa propre patrie. Ce grand caractère de la civilisation européenne peut être encore méconnu dans quelques salons diplomatiques ou par quelques attardés des vieilles castes; mais il éclate partout et chaque jour plus ferme et plus résolu. L'éternelle rébellion de tout ce qui est asservi, l'universel intérêt de l'Europe pour tout ce qui revendique son droit et son affranchissement en sont l'irréfragable preuve. L'assentiment réfléchi donné à la campagne de Crimée, dont cependant les énormes sacrifices n'avaient et ne pouvaient avoir pour but que la défense du faible contre le fort; l'éclat qui a accompagné la campagne d'Italie, la passion qui de tous côtés s'attache à la lutte polonaise, la tristesse qu'inspire l'odieuse guerre d'Amérique, sont des signes manifestes que la politique n'est plus l'œuvre exclusive ni le secret des cabinets; les nations sont désormais les juges définitifs du camp. L'empereur Napoléon l'a magnifiquement caractérisé, il y a huit ans, quand il disait aux exposants de l'Europe : *Allez dire partout que la dernière victoire restera désormais à l'opinion.*

Il ne faut être en effet ni rêveur ni enthousiaste pour croire à la souveraineté de l'opinion publique dans l'Europe moderne; et il n'est pas un gouvernement assez imprudent pour oser la braver. On les voit tous, au contraire, la consulter et faire tous leurs efforts ou pour se mettre à son niveau ou pour la conquérir. Le Gouvernement partout est forcé de se placer sur le terrain de la discussion et de reconnaître le principe de la révolution, dont le dernier mot et le sens le plus élevé sont de substituer la pensée et la volonté nationales au privilége de la naissance et à l'initiative exclusive du monarque. Au bout de ce chemin, l'imagination du parti ardent et la peur des attardés voient la république. Le premier y pousse d'un effort résolu, souvent désespéré; les seconds refusent de marcher, dans la crainte d'être emportés. C'est là une double mystification.

IV

IMPOSSIBILITÉ DE LA RÉPUBLIQUE.

Il suffit de considérer l'état des esprits en Europe, pour reconnaître que la république n'est encore que l'ardeur d'une faible minorité et que la conscience des peuples la repousse partout, non-seulement dans sa forme ancienne, mais encore sous ses formes modernes. Les divers essais qui en ont été faits depuis cent ans, sont un enseignement sévère et la preuve décisive d'abord que les esprits sont très-loin d'y être préparés, ensuite qu'elle n'a su encore nulle part trouver ni la mesure ni l'intelligence qui conviennent au gouvernement des grands Etats. Pour s'établir avec la chance de durer et de vivre d'une vie réelle et féconde, il lui faudrait des peuples sans passions et déjà parvenus à la pleine notion du juste et du devoir. Quelque grand que soit le progrès moderne, on en conviendra, nous sommes encore loin de cet état. Ce qui se passe en Amérique, et même en Europe, le démontre clairement. L'espèce de terreur qu'elle inspire aux gouvernements n'est donc pas justifiée. La forme républicaine répugne partout aux sociétés européennes; son idée ne s'affirme nulle part avec confiance; elle ne s'agite même nulle part que devant les défaillances ou devant les résistances aveugles des gouvernements. Jamais donc la monarchie n'a été plus vivace; jamais peut-être son principe tutélaire et modérateur n'a été plus apprécié ni mieux compris. Ce fait qui domine toute la situation s'impose à quiconque cherche la vérité.

Presque partout les peuples, édifiés sur la turbulence des partis et l'indicible confusion de leurs idées, veillent pour la royauté. Sans parler de l'Angleterre, où la royauté, clef de voûte d'une aristocratie maîtresse de tout, est entourée d'une espèce de culte hors de discussion, on n'a qu'à regarder partout en Europe, on y trouvera partout, avec le même esprit, dans la même attitude, les nations préférant attendre le progrès des mains royales que de le recevoir immédiatement de celles de la république, parce qu'elles savent au prix de quels sacrifices et de quelles douleurs la république le donne, en un moment de noble élan, et le compromet bientôt par l'exagération et l'emportement.

Cette attitude est une de ces manifestations décisives que la raison pratique des peuples jette, à son heure, dans la discussion, et qui devraient être pour tous un enseignement. Contre cette attitude se briseront fatalement toutes les exagérations. Aussi bien cette attitude ouvre aux gouvernements une perspective magnifique, tout en leur donnant un ferme point d'appui. Ils n'ont désormais qu'à chercher sincèrement et à poursuivre avec énergie la réalisation du juste et du pratique ; dans cette voie, ils se sentiront portés par la confiance populaire, ils feront le progrès, à l'universel applaudissement des nations ; et à mesure que leur blason dépouillera la rouille féodale, il se retrempera d'une force nouvelle et prendra un lustre qu'il n'aura jamais eu.

Les rois recevront un hommage que la puissance aura rarement rencontré dans l'histoire, c'est la calme confiance des peuples attendant de leur initiative la solution rationnelle et équitable, non-seulement des conflits qui pourraient survenir, mais encore de toutes les questions sociales que pose chaque jour l'économie moderne, pour réaliser dans l'humanité la plus grande justice et l'ordre le plus intelligent. Ils sentiront alors eux-mêmes, par leur propre bonheur, la supériorité du principe nouveau, qui, faisant de l'opinion nationale le fondement de la force publique, sacre leur royauté de la confiance nationale et met leur autorité hors de discussion. Ils régneront aussi *par la grâce de Dieu*, de qui tout relève dans l'univers, mais en servant, à leur rang, dans l'humanité ; et en travaillant au bien général, de concert avec leurs peuples, ils se sentiront appuyés, non-seulement de leur droit, mais encore et surtout de leur propre action dans l'évolution commune. Alors, Dieu leur mesurant la sécurité et la gloire à la sagesse et à l'énergie qu'ils apporteront dans le gouvernement des hommes, ils comprendront que le sacrement de la volonté nationale est le réel et grand corollaire du vrai droit divin bien entendu. Alors aussi tout le monde comprendra que le principe de la révolution moderne n'est au fond qu'une nouvelle expansion et une application pratique de la pensée chrétienne. Cette théorie, nous le savons, déplaît également aux sectateurs du radicalisme absolu et aux fossiles admirateurs du moyen âge, dont la féroce piété se repaît d'anathèmes contre toutes les grandes choses de la civilisation moderne ; mais les sombres hallucinations des premiers, pas plus que les sacriléges imprécations des derniers, n'empêcheront l'œuvre de Dieu de s'accomplir. Aux premiers on peut prédire que l'alliance des rois et des peuples européens est un événement prochain, et qui marquera une grande ère dans la civilisation moderne. Aux seconds on peut affirmer que leurs malédictions ne sont plus que le vain bruit des ombres mutinées contre la mort qui les emporte. La civilisation moderne ne reculera pas plus que l'idée de Galilée ; plus heureuse que lui, elle ne fera pas même de génuflexion.

V

CARACTÈRE ET FORCE DU MONDE EUROPÉEN. — ROLE NOUVEAU DE LA ROYAUTÉ.

Le monde européen a déjà en effet réalisé une civilisation inconnue au reste de la terre, et que les âges antérieurs n'avaient même pas soupçonnée. Il est plein de force; et dans sa marche ascendante, nul ne saurait assigner de limite à ses progrès. Le secret de sa force, c'est qu'il a de Dieu, de l'humanité, du devoir et du droit une idée plus haute et plus vraie que toutes les générations qui l'ont précédé; il a tous les nobles vouloirs de la virilité, parce qu'il connaît le prix du temps et la valeur de la vie humaine. A jamais affranchi du brutal empirisme du moyen âge, il a soif de justice et de vérité; laissant à leurs amulettes et à leurs idoles tous les fauteurs du vieux régime, il marche résolûment en avant, cherchant à substituer la raison à la crédulité, l'esprit de Dieu à l'esprit de caste, la libre conscience à tous les artifices d'un obscur symbolisme, le juste au privilége, la loi au bon plaisir, l'ordre au tumulte, l'alliance à l'antagonisme, la paix à la guerre. Il veut, d'un égal désir, la liberté et l'autorité, la première définie et comprise, la seconde appuyée sur la loi, limitée par elle, mais forte et résolue contre tout ce qui s'attaque à l'Etat, dont elle est la gardienne et la haute expression.

Les soixante dernières années l'ont mûri de trois siècles; ils ont donné à son génie un élan et une puissance dont les merveilles industrielles de ce temps sont les moindres œuvres. Ce serait, en effet, bien peu comprendre l'Europe actuelle que de la croire absorbée, satisfaite par ses chemins de fer, sa télégraphie, sa prodigieuse industrie, son commerce immense, et même par cette fortune inouïe, devant laquelle toute la richesse de l'empire romain ne fut que pauvreté. Non, toutes ces grandes choses, qui laissent cependant si loin le monde ancien, ne sont pas les plus beaux, les vrais caractères de l'Europe moderne; la matière, quelques miracles que son génie puisse en faire jaillir, ne saurait lui suffire. Plus spiritualiste que tout ce qui a précédé, elle porte plus haut ses aspirations;

disputer partout l'homme à la misère physique et morale, pour l'élever vers Dieu et la patrie, effacer toute servitude, ouvrir l'horizon devant l'initiative du travail et de la bonne volonté, abaisser toute hostile barrière et amener les peuples à se reconnaître dans une fraternelle solidarité, fonder l'ordre sur la justice, le réciproque respect et la commune garantie ; enfin, sceller l'alliance européenne, pour assurer au génie de l'Europe la libre disposition de ses forces pour agir partout où la civilisation et la justice peuvent réclamer sa voix ou son appui, telles sont au fond, à travers mille préoccupations éphémères, les tendances du monde européen. Toutes les inquiétudes qui l'agitent n'ont pas d'autre cause. Chaque peuple, en effet, a le sentiment très-net que l'ordre est assuré chez lui, quand il le veut. C'est pour cela que souvent il se montre calme ou même indifférent devant tels faits intérieurs qui pourraient l'émouvoir; mais, que, quelque part en Europe ou dans l'univers, la justice soit outrageusement violée dans un peuple ou même dans un homme; qu'un désastre quelconque frappe une partie de la race humaine, l'âme de l'Europe s'émeut, son initiative court à l'action, sa voix revendique partout le droit; c'est que son cœur a entendu le génie de l'humanité. De ce génie toutes les nations européennes subissent l'heureuse influence; en Angleterre même, malgré son aristocratie qui renouvelle, dans l'âge moderne, tout le superbe égoïsme, toutes les convoitises et les hostiles spéculations du vieux patriciat romain;

le peuple sympathise vivement avec l'humanité.

Si tel est réellement l'état politique de l'Europe, il est riche en éléments de conciliation, de concorde, de paix et de prospérité ; le sol y est prêt pour édifier de grandes choses et pour élargir tant qu'on voudra la voie de la civilisation. Le temps, les circonstances, la fortune elle-même conspirent pour mettre les gouvernements en demeure de secouer leurs préjugés, leurs antagonismes et leurs vaines disputes, d'entrer dans la région sereine de la justice et de définir enfin le grand pacte d'alliance. Ce pacte est dans la pensée intime des peuples ; sa formule fera l'impérissable gloire de la royauté contemporaine, si elle sait avoir la résolution de la chercher.

Cette résolution seule marquerait une ère glorieuse pour la royauté. Le congrès la lui rendra facile ; il est en effet impossible, si l'on apporte au congrès un esprit sincère, que tout le monde ne s'aperçoive pas de trois choses : la première, que les gouvernements modernes ne s'affaiblissent tous ou ne se compromettent que parce qu'ils séparent toujours l'intérêt dynastique de l'intérêt national ; la seconde, que tous leurs embarras sont la conséquence de leurs mutuelles défiances et rivalités ; la troisième, que, en continuant à se faire mutuellement échec, non-seulement ils se paralysent eux-mêmes, et se condamnent à toutes les angoisses d'une existence précaire, mais encore qu'ils allument partout eux-mêmes les passions révolutionnaires, en déconcertant la confiance des peuples. Il n'y a pas certainement aujourd'hui, en Europe, une seule nation qui croie à l'utilité de la guerre, et qui ne préfère la transaction à la bataille; il n'y a pas un esprit sérieux qui ne comprenne la frivolité de toutes ces intrigues qui s'appellent coalitions, antagonismes internationaux et guerres générales; il n'y a pas un politique tant soit peu dégrossi, qui, dans le conflit le plus envenimé, ne trouve sur-le-champ la solution équitable et pratique. Tout ce qui reste de préjugés et de préventions ne se trouve plus que dans les derniers bas-fonds de l'ignorance; et encore ici, depuis que le sol, l'industrie, le commerce et le travail ont fait à tous la vie possible, à des conditions supportables, depuis que la circulation a mis les hommes en contact, il n'y a ni hostilité, ni désir de bataille.

La guerre donc, à de très-rares exceptions près, n'est qu'une œuvre de mauvaise foi entre gouvernements. Et si même on se place au point de vue des gouvernements batailleurs, il n'y a personne qui ne voie, dans tous ces conflits de monarque à monarque, l'impuissance radicale d'aboutir et une stérile mise en scène pour déguiser quelque ambition insensée ou la puérile convoitise d'une éphémère supériorité. Toutes les causes de malaise, de défiance, d'antagonisme et de guerre sont donc dans la sphère des diplomates; les peuples, à vrai dire, y sont étrangers et répugnent à servir ces passions purement gouvernementales.

Le congrès est destiné à mettre ce fait en éclatante lumière et à démontrer aux plus attardés la vanité de toute cette vieille politique. L'empereur Napoléon, qui s'est montré si hardi en Crimée, si résolu en Italie, et toujours si mesuré et si prompt à la paix, après la victoire, a fait le premier, avec la fermeté d'un esprit supérieur, la démonstration de ce que devrait être désormais la guerre, en Europe : *Une nécessité imposée par une aveugle obstination, dont le vainqueur n'aurait pas même le droit de s'autoriser pour continuer les représailles.* Le congrès est destiné à mettre ce principe en évidence et à le faire entrer dans le droit des gens. Si au lieu d'user leur verve à des récriminations futiles ou à des spéculations sans issue, les politiques de l'Europe avaient cherché le sens des choses et les aspirations de la civilisation moderne, ils auraient certainement dégagé ce principe dans l'opinion générale ; le congrès aurait très-probablement trouvé les esprits préparés, et nous ne serions pas à la veille de voir peut-être se rallumer une guerre insensée, au milieu de cette Europe, si pleine de mansuétude, si altérée de justice et si sympathique à tout ce qui souffre. Cette abominable incursion de forbans qui s'appelle l'expédition austro-prussienne n'aurait pas été osée; il y a donc urgence et intérêt de premier ordre d'élever à la théorie du congrès l'esprit public en Europe, si l'on veut réellement marcher et conclure dans le sens de la civilisation moderne. Quand on examinera à fond, d'une part, la situation faite, le pistolet sur la gorge, au jeune roi de Danemark, qui n'a pas même le temps de réunir l'assemblée qui seule a le pouvoir de donner satisfaction à la sommation insolente de ses deux agresseurs, quand on saura de l'autre que cette violence inouïe n'est peut-être que le prélude d'un dessein autrement insensé, autrement criminel, consistant à reformer la coalition de toutes les vieilles tyrannies contre la liberté et la prospérité modernes, alors on comprendra quel jeu terrible on laisse jouer aux deux familles des Hohenzollern et des Habsbourg, contre tous les intérêts de l'Europe, pour la puérile ambition d'avoir un port sur la Baltique, ou peut-être de replacer une demi-douzaine de princes destitués. Alors on comprendra que le temps est venu d'en finir avec cette barbarie d'un autre âge, et que l'on ne peut pas laisser ainsi livrées à la fantaisie de quelques obstinés la prospérité de l'Europe et la vie de plusieurs centaines de mille hommes.

Le congrès obvie à ce genre de dangers; posant le principe de la conciliation, il conduit directement à la souveraineté de l'arbitrage, il sauvegarde l'Europe, arrache la diplomatie au génie de la vieille hostilité et fonde la politique moderne sur le principe de l'humanité. L'atroce loi romaine, *adversus hostem æterna auctoritas esto*, est remplacée par la sublime formule du christianisme : *Aimez-vous les uns les autres*, principe essentiellement pratique, déjà si avant dans l'esprit général de l'Europe et fin suprême de la politique moderne.

Lord John Russell fait aujourd'hui des phrases contre les Austro-Prussiens; il n'a tenu qu'à lui que le congrès ne fût pas ajourné. Un jour l'Angleterre elle-même lui demandera compte de sa conduite et de sa politique vulgaire. L'Angleterre jugera certainement cette politique étroite et impitoyable des whigs, qui depuis trente ans n'a su que fatiguer l'Europe de sa personnalité et découvrir de plus en plus l'influence de la Grande-Bretagne.

Le refus de l'Angleterre est une faute devant laquelle le bon sens reste confondu. Le mal qu'elle aurait évité par un noble exemple est peut-être incalculable; et c'est presque un mystère que la presse anglaise, si intelligente en toute chose, surtout de l'intérêt anglais, n'ait pas signalé à son pays l'étrange politique qui compromettait avec tant de légèreté la paix et l'entente de l'Europe, en s'opposant à l'acte le plus libéral qui ait jamais été proposé à des gouvernements civilisés. L'avenir aura de la peine à croire à une telle aberration. Quelque peine que l'aristocratie britannique ait à rompre avec sa vieille tactique de diviser le continent à son profit, il ne lui est pas possible de méconnaître que tout est profondément modifié en Europe et qu'à une situation nouvelle il faut une autre politique que celle de Pitt. L'empereur Napoléon qui a révélé tant de choses, lui a donné le premier deux remarquables exemples, en Crimée d'abord et ensuite pendant la guerre des Indes. Quelque personnelle que soit une politique, il n'est jamais utile ni sage de tout oublier. Le mouvement des choses en Europe peut être momentanément arrêté par d'aveugles résistances ; mais il reprendra son cours, qui est fatal. La civilisation ne reculera pas ; il faudra donc tôt ou tard que l'Angleterre entre dans la solidarité générale ; son propre intérêt la mettra comme tout le monde en souci du congrès. Il y a donc un intérêt souverain à en développer l'idée.

VI

BIENFAITS DU CONGRÈS.

Le congrès conduit à trois résultats certains : d'abord, dans la situation actuelle de l'Europe, il force tous les gouvernements à se faire une plus juste idée des difficultés présentes et leur apporte par là même un puissant moyen de les résoudre, parce que naturellement leur étude en commun doit rendre chacun des intéressés plus modéré, plus conciliant, plus équitable ; ensuite, en ajournant toute rupture, elle donne à chacun le temps de voir et de se convaincre que, dans la constitution du nouveau pacte européen, la solution la plus conforme à la justice, à l'équilibre et au génie des nations, est en réalité la plus utile aux intérêts présents et futurs de chacun. Il est, en effet, impossible que chacun ne reconnaisse pas la stérilité, l'impuissance des conquêtes, comme aussi la folie de toute prétention à la suprématie, attendu que l'ambitieux redeviendrait fatalement le plus faible devant la résistance de tous les autres, fortement reliés entre eux par l'intérêt commun et par le sentiment de la justice. C'est ce sentiment de souveraine équité que l'empereur Napoléon a voulu mettre en lumière par ces mémorables paroles: « Si je prends l'initiative d'une semblable ouverture, je ne cède point à un mouvement « de vanité ; mais comme je suis le souverain auquel « on prête le plus de projets ambitieux, j'ai à cœur « de prouver, par cette démarche franche et loyale, « que mon unique but est d'arriver sans secousse à la « pacification de l'Europe.» Jamais plus grand exemple n'avait été donné ; jamais plus nette parole n'avait été dite ; et, au point où en sont arrivés les esprits et les choses en Europe, cette grande parole est déjà un acte décisif et d'une incalculable portée ; c'est le principe du *désarmement des esprits*. Enfin, en mettant chaque gouvernement en possession des aspirations de tous les autres, le congrès signale à chacun, non-seulement où se trouvent ses propres alliés, mais encore et surtout où sont les vrais alliés de la justice, de l'équilibre et de la civilisation de l'Europe ; alors inévitablement doit se produire ce résultat considérable, c'est que, même en admettant que le vieil antagonisme persiste chez quelques-uns, la grande majorité du congrès et l'immense supériorité des forces se rangeant résolûment du côté de la bonne cause, les ambitieux se trouvent réduits à l'impuissance; si leur obstination tente la fortune des armes, leur défaite est assurée. Et ici éclate le plus grand bienfait du *congrès avant la guerre*. La guerre devient tout d'un coup ce que nécessairement elle doit être dans l'avenir, *une simple manifestation de forces pour revendiquer ou protéger la justice et faire prévaloir la raison de l'état européen*. La guerre générale devient ainsi impossible; forcément localisée et d'ailleurs inégale, elle ne peut plus être qu'un accident rare, passager et d'une gravité limitée.

Le vieil antagonisme et la politique d'ambition protesteront que c'est l'effacement des grandes puissances au bénéfice des petites, que l'arbitrage du congrès deviendra une oppression. Leur sophistique peut aller jusqu'à prétendre que le congrès substitue la démocratie à la diplomatie. Les amis de la prospérité et de la civilisation de l'Europe répondent résolûment d'abord que, toute guerre générale devant nécessairement finir par un congrès, il est insensé, en plein XIXe siècle, de préluder au congrès par une immense hécatombe qui coûte la vie à un million d'hommes ; que si les diplomates de 1864 ne savent attendre la solution que de la guerre, ils ne sont ni de leur temps, ni à la hauteur de l'esprit européen ; que dès lors toute la responsabilité de la guerre leur incombe; car, non-seulement il n'y a pas un seul peuple qui désire la guerre, mais encore il n'existe pas un seul cas de guerre européenne, si les gouvernements veulent reconnaître et comprendre où se trouvent leurs véritables intérêts. Les questions de Rome, de la Vénétie, du Danube et même de Pologne ne résistent pas à un examen sérieux, si on veut sortir de part et d'autre de l'aveugle passion, pour entrer dans la réalité et dans la nature des choses, telles que la conscience européenne les sent et que l'avenir les manifestera, quelque obstination que l'on y mette. La guerre, durât-elle vingt ans, ne changera rien à la logique des situations, ni à la nature des solutions. Les traités de 1815 en sont l'irréfragable preuve; venant après vingt-trois ans de guerre acharnée qui avait dévoré plus de trois millions d'hommes, ils ne résolurent rien ; l'opinion, la raison des choses, la force des intérêts et l'instinct des nationalités, les infirmaient et les minaient dès le lendemain; 1823 les attaquait ouvertement; 1830 leur faisait une immense brèche; 1848 les bouleversait de fond en comble ; qui peut dire qu'ils aient existé un seul jour avec l'assentiment impartial de l'Europe? Ces traités, malgré la forte empreinte que le progrès des idées y avait cependant marquée, étaient morts-nés, parce qu'ils ne s'étaient inspirés que d'une politique dynastique et princière. Or, cette politique exclusive est radicalement morte; il n'y a pas un prince en Europe qui ne doive sentir que son intérêt ne peut plus ni se distinguer, ni se séparer de celui de son peuple d'abord et ensuite de celui de l'Europe en général. Il n'y a plus à se renfermer dans les vues étroites d'une politique personnelle. La confédération des Etats européens, entrevue par Henri IV, se dégage d'elle-même, dans la pensée des peuples; elle se fait chaque jour dans la sphère des intérêts. Elle gagnera peu à peu tous les esprits qui vont au fond des événements et qui ne s'obstinent pas contre le développement naturel des choses. Cette confédération se fera au double profit de la monarchie, si celle-ci le veut, et de la liberté des peuples, si cette dernière sait se définir. Les soubresauts, les contradictions n'y feront rien; c'est là la marche assurée des idées; mais on peut pourtant n'y arriver qu'à travers des flots de sang follement versé et à travers d'indicibles misères. Le congrès, au contraire, en enlevant tout d'un coup les esprits au terre-à-terre où l'on s'est si longtemps obstiné à cheminer, les porte de suite dans la région des réalités actuelles; il leur ouvre immédiatement, large et facile, la voie des solutions pacifiques et durables, il leur découvre surtout l'incalculable puissance qu'ils peuvent s'assurer dans le monde, s'ils savent se confédérer pour la justice et pour la prospérité des peuples. La vérité vaincra certainement; il dépend de la diplomatie de lui donner raison cinquante ans plus tôt, d'épargner la vie à plusieurs millions d'hommes, en prenant résolûment une glorieuse initiative.

Quant à dire que le congrès efface les grandes puissances au profit des petites, c'est un pur sophisme ou plutôt une calomnie contre le bon sens de ces grandes puissances elles-mêmes ; car c'est supposer qu'elles n'apporteront au congrès que leur ambition, leurs anciens préjugés et un parti pris insensé ; elles n'ont qu'à y venir avec le simple sentiment de la justice et de la civilisation moderne, elles y verront leur influence affermie par l'assentiment reconnaissant des États secondaires ; et celle-là sortira la plus forte du congrès qui s'y sera montrée la plus équitable et la plus intelligente. Le congrès offre à chacun la plus belle occasion que sa fortune puisse désirer, de se délivrer de ses propres embarras, ou les voir au moins considérablement diminués, de prendre sa part au bien général, au besoin de s'assurer une réelle action hors de l'Europe, enfin de se retremper fortement dans l'estime et la reconnaissance des nations. La perspective est là ; la politique future n'a pas d'autre horizon. Lord John peut balbutier cette triste parole : « *Après une scrupuleuse attention sur le congrès, nous sommes arrivés à conclure que la solution ne serait probablement pas pacifique, et que, si elle l'était, il y aurait désappointement pour les puissances de l'Europe de voir les travaux du congrès rester nuls et non avenus.* » Cela revient à dire que les monarques de l'Europe peuvent se réunir en conseil de leur personne ou par leurs ambassadeurs, prendre une connaissance approfondie de la situation et de l'opinion de l'Europe, conclure entre eux un pacte d'honneur à la face du monde, et se fausser parole, au sortir du congrès. Jamais parole plus dure n'avait été osée contre la loyauté des rois; jamais on n'avait risqué une parole plus punique contre les gouvernements. En vérité lord Russell est malheureux, depuis qu'il a remis le pied au Foreign-Office. Son libéralisme semble n'avoir jamais été qu'un euphémisme.

Le congrès peut toujours arriver à un principe déjà entrevu dans le traité de Paris, et que pas un homme sensé n'osera nier : il peut introduire dans le droit international européen ou tout au moins dans la coutume diplomatique, l'obligation de déférer tout litige à l'arbitrage du congrès, avant de recourir aux armes. Cette obligation seule, en opposant un premier obstacle à la folie de la guerre, donnerait le temps à la passion de se calmer, au bon sens de revenir, et suffirait, dans la plupart des cas, à la conciliation. Lord John, personnellement, doit apercevoir la valeur de cette modeste addition au Code du droit des gens, à la lumière de cette sanglante facétie qui s'appelle l'affaire du Danemark; il est, en effet, singulièrement triste de voir un très-honnête et très-généreux petit peuple de deux millions d'hommes, bravement assailli, tout à coup, par deux grandes nations composant un effectif de soixante millions. A coup sûr la simple formule de référence au congrès aurait permis à la Prusse et à l'Autriche d'entrevoir qu'il n'y avait peut-être ni sagesse, ni bravoure de procéder si brusquement à l'exécution du Danemark, dans une question obscure, sur laquelle la Confédération germanique elle-même n'est pas tout à fait de leur avis ; et si par aventure elles avaient persisté à penser que l'ordre européen, la civilisation et surtout le bonheur du Sleswig exigeaient le démembrement du Danemark, elles avaient au moins un premier avantage à s'assurer, ou plutôt un premier devoir à remplir, attendre que la guerre eût éclaté entre le duc d'Augustenbourg et le roi Christian; intervenant alors comme médiateurs armés, le léopard prussien ne découvrait pas sa dent canine, et l'aigle autrichien se fût peut-être aperçu qu'il allait en chasse au profit de son voisin, sans beaucoup de gloire pour lui-même.

Peut-être aussi tous ensemble auraient compris l'étrange comédie donnée à l'Europe par deux grandes puissances, courant aux armes pour une simple question d'héritage et une fausse petite émeute chez un peuple tranquille, tandis qu'elles laissent à côté d'elles se continuer une lutte acharnée, navrante, à mort, entre une nation héroïque et une formidable puissance, sans souffler mot ni mettre un homme en campagne. Il y a là une telle contradiction qu'elle laisse tout supposer; on peut y voir la pointe de la politique des Brandebourg qui a toujours joué et gagné aux coups fourrés, espérant encore une fois duper les Habsbourg; on peut y voir la mise en quarantaine de la Confédération germanique, qui gêne tour à tour la Prusse et l'Autriche; on peut y voir une de ces diversions dans lesquelles se jettent brusquement les âmes oppressées de quelque grand remords; on peut y voir les premiers fils d'une trame plus importante. Ce que l'on y verra clairement, c'est toujours la vieille politique se faisant tour à tour émeutière, violente et au besoin pirate, pour atteindre un but sans portée et servir quelque intérêt éphémère. Ce que l'on n'y verra pas du tout, c'est le moindre sens pratique, ni la moindre aperception de cette logique inflexible qui porte avec elle une politique radicalement nouvelle, repousse énergiquement les procédés de la vieille et affirme la nécessité comme le devoir d'une sincère pacification. Le bon sens des peuples monte assez vite pourtant pour avertir la diplomatie que le temps est venu de changer de voie, et la seule proposition du congrès est certainement un grand signe.

VII

LE CONGRÈS JUGÉ PAR LES ROIS.

La preuve de ceci se trouve dans les réponses faites à la proposition de Napoléon III par tous les gouvernements dont un intérêt personnel n'a pas faussé la pensée. Ces réponses forment un thème qui mérite l'attention de tous les esprits sérieux.

Voici d'abord la réponse de la Suisse : « La Suisse connaît la valeur inestimable d'une consécration libre et réciproque des droits et des devoirs de chacun, vraie base d'une sincère et cordiale entente entre les nations. Nous ne pouvons donc qu'accueillir avec empressement l'ouverture que Votre Majesté a bien voulu nous faire. » La Suisse veut donc le congrès.

« Mon plus vif désir, écrit l'empereur de Russie, est de pouvoir rentrer dans la voie du désarmement et d'épargner à mes peuples des sacrifices que leur patriotisme accepte, mais dont leur prospérité souffre. Rien ne saurait mieux hâter ce moment qu'un apaisement général des questions qui agitent l'Europe. L'expérience atteste que les véritables conditions du repos du monde ne résident ni dans une immobilité impossible, ni dans l'instabilité de combinaisons politiques que chaque génération serait appelée à défaire et à refaire, au gré des passions ou des intérêts du moment, mais plutôt dans la sagesse pratique qui impose à chacun le respect des droits établis et conseille à tous les transactions nécessaires pour concilier l'histoire qui est un legs ineffaçable du passé avec le progrès qui est une loi du présent et de l'avenir. Dans ces conditions, une loyale entente entre les souverains m'a toujours paru désirable. Il serait heureux que la proposition faite par Votre Majesté pût y conduire. »

« Je ne puis, écrit le roi de Suède, que former les meilleurs vœux pour la réussite d'une si noble entreprise à laquelle Votre Majesté trace elle-même de sages limites, dictées par un grand esprit de justice et de loyauté, en écartant d'avance toute idée de projets ambitieux. »

« C'est avec une bien vive satisfaction que j'ai trouvé

dans la lettre de Votre Majesté une nouvelle et éclatante preuve de son désir d'arriver par la voie d'une entente directe avec les souverains amis et alliés de la France, à la solution pacifique des questions graves qui agitent l'Europe et menacent de plus en plus de troubler les relations internationales. Je ne saurais que souhaiter bien sincèrement que les nobles intentions de Votre Majesté, inspirée par sa sollicitude pour l'affermissement de la paix générale sur des bases solides, puissent rencontrer le concours unanime et cordial de toutes les puissances européennes. » (Signé Guillaume de Wurtemberg.)

« Il serait bien vivement à désirer, écrit le Nestor des monarques européens, le roi Léopold de Belgique, de voir, par l'effet d'un accord pacifique, se dissiper les sujets d'inquiétude qui existent en Europe. Sans vouloir préjuger les moyens dont on pourrait convenir pour atteindre un aussi noble but, je me plais à assurer Votre Majesté que mon gouvernement serait tout disposé à y concourir autant qu'il dépend de lui. »

« Une lutte permanente s'est établie, écrit Victor-Emmanuel, dans une grande partie de l'Europe entre la conscience publique et l'état de choses créé par les traités de 1815. De là un malaise qui ne fera que s'accroître, tant que l'ordre européen ne sera pas constitué sur la base des principes de nationalité et de liberté qui sont la vie même des peuples modernes. Devant une situation si menaçante pour les progrès de la civilisation et pour la paix du monde, Votre

Majesté s'est rendue l'interprète d'un sentiment général, en proposant de réunir un congrès, dont la tâche doit être d'amener un accord durable entre les droits des souverains et les justes aspirations des peuples. J'adhère avec plaisir à la proposition. La réalisation de votre projet marquerait un grand progrès dans l'histoire de l'humanité. »

« Je rends hommage à la généreuse pensée de Votre Majesté, répond Guillaume de Hollande, et je serai heureux, en m'associant à cette idée, de contribuer de commun accord avec les autres souverains de l'Europe à réaliser le but si noble de Votre Majesté.»

« Régler les différends existants par une entente générale des puissances européennes, ajoute le roi de Hanovre, calmer l'inquiétude sans cesse renaissante qui entrave ou retarde le développement de la prospérité des Etats, paralyser les efforts des partis subversifs, assurer enfin la tranquillité de l'Europe, en écartant toute éventualité de guerre, c'est le service le plus signalé qui puisse être rendu à la cause de la civilisation : c'est une entreprise qui doit obtenir les suffrages de tous ceux dont les aspirations tendent au bien de l'humanité. »

« Je ne puis que rendre pleine justice aux sentiments élevés dont la proposition du congrès est empreinte. Les traités de 1815, sur lesquels repose aujourd'hui l'édifice politique de l'Europe, sont, sur plus d'un point, défaits ou méconnus. Il n'y a donc pas de tâche plus belle que d'épargner à l'avenir des secousses inévitables en réglant, de concert avec les autres puissances, les questions litigieuses du présent.» (Signé Maximilien de Bavière.)

« La noble pensée qui inspire la proposition du congrès, écrit le roi des Hellènes, ne pouvait être mieux rehaussée que par le langage si ferme, par les considérations si judicieuses de Votre Majesté. Je l'accepte sans réserve. Son succès comblerait les vœux depuis longtemps formés par les amis de l'humanité et les esprits d'élite. »

« Votre Majesté a pris la glorieuse initiative de chercher à substituer, pour la décision des questions aujourd'hui pendantes en Europe, à la force des armes, les arrêts de la justice et de la raison, écrivait, le 11 décembre, le roi de Danemark, cinquante jours avant que la violence, en l'assaillant brusquement, ne vînt démontrer aux plus incrédules la nécessité du congrès.

Après lui, le roi de Portugal ajoute avec la décision péremptoire d'un grand esprit qui ne se fait pas illusion : « J'adhère sans hésiter à votre conciliante pro-
« position, et je m'associe de tout mon cœur aux sen-
« timents qui l'ont inspirée. Les congrès, après la
« guerre, sont ordinairement la consécration des avan-
« tages du plus fort ; et les traités qui en dérivent, s'ap-
« puyant plutôt sur des faits que sur des droits, créent
« des situations forcées, dont le résultat est ce malaise
« général qui enfante les protestations violentes et les
« réclamations armées.

« Un congrès avant la guerre, dans le but de la pré-
« venir, est, à mon avis, une noble pensée de progrès.
« Quelle que soit son issue, il restera toujours à la
« France la gloire d'avoir posé les fondements de ce
« nouveau principe si hautement philosophique. »

Tel est le résumé substantiel des réponses de la Russie, de la Suède, de la Hollande, de la Belgique, du Wurtemberg, de la Saxe, de la Confédération germanique, du Danemark, de la Bavière, de la Suisse, de l'Italie et de la Péninsule hispanique. C'est l'Europe en immense majorité acclamant le congrès. Hommage solennel à la noble initiative de l'Empereur, sentiment profond de la situation de l'Europe, résolution sincère de satisfaire aux aspirations de la civilisation moderne, rupture avec la vieille politique, élan décisif vers la nouvelle, appel à la justice substituée à la force, rien n'y manque; le philosophe le plus intelligent ne dirait ni avec plus de vérité ni en plus noble langage; tous sentent également que l'évolution des idées et des choses a conduit l'Europe à un de ces moments critiques, où un pas en avant assure un progrès immense dans l'humanité, où un pas en arrière la refoule dans d'indicibles misères, et tous affirment leur ferme désir de marcher avec leur temps; tous se montrent mus par les mêmes pensées : l'ordre dans l'Etat, la liberté dans l'action, la prospérité des peuples et la marche vers le progrès. La proposition du congrès n'aurait d'autre résultat que d'avoir provoqué une si féconde manifestation, qu'elle resterait comme l'événement décisif de notre temps. Quand une grande idée saisit si fortement l'esprit des souverains, il est impossible qu'elle tarde longtemps à se traduire dans les faits. C'est un devoir pour tous de tendre à ce but, qui sera la fin de l'atroce hécatombe humaine en Europe.

VIII

REFUS DE L'ANGLETERRE. — SON IMPUISSANCE.

Cependant le congrès a été ajourné par le refus de l'Angleterre ; à coup sûr, si les monarques du continent avaient, dans leur manière d'agir, quelque chose de la raideur britannique, ils auraient passé outre, parce qu'il leur eût été facile de prouver à la diplomatie anglaise que l'Europe pouvait se passer d'elle dans ses conseils ; la fortune de l'Angleterre a encore rencontré cette fois, dans la sagesse de l'Empereur des Français et des monarques européens, l'heureuse chance de ne pas se voir jetée dans un isolement mérité, où sa propre faiblesse aurait été mise à découvert, plus peut-être que ne le croit le Foreign-Office. Toutefois l'illusion et la patience ont leur terme ; les événements se précipitent; l'opinion publique se recueille et se forme sur cette diplomatie étrange, qui depuis cinquante ans s'évertue à jeter ses phrases nébuleuses en Europe, sans jamais manifester ni un sentiment désintéressé, ni une intention de seconder le mouvement pacificateur qui attire et pénètre toute l'Europe. L'intérêt britannique reste exclusivement le point de vue de toute sa politique, et comme si rien n'avait ni changé ni progressé en Europe, depuis quarante ans les diplomates anglais en sont encore à leurs défiances intéressées, à leur théorie de l'éternelle division du continent, comme si toute la spéculation de leur politique se fondait sur les embarras de celui-ci. Ils continuent à caresser les dissidences, à entraver toute action, à susciter les mouvements les plus contraires, pour les embarrasser tous par des irrésolutions calculées. Se mêlant à tout, sans jamais s'engager, ils semblent croire que cette politique d'affût peut encore faire illusion à l'Europe. Affirmant aujourd'hui leur supériorité avec une emphatique hauteur, ils affichent demain une peur extravagante. Tour à tour agressifs ou timides, tranchants et dédaigneux, ou cauteleux et empressés, ils font et défont leur thème avec une mobilité qui étonne, irrite et paralyse tout élan. Jusqu'à quand l'Europe consentira-t-elle à se faire la volontaire dupe de ce jeu? A coup sûr, elle n'aurait qu'un mot à dire pour le mettre à découvert. Le congrès offrait à l'Angleterre l'heureuse occasion de retremper sa haute influence; elle ne l'a pas voulu; mais la conscience de l'Europe pèse aussi à son tour ce que vaut et ce que peut une telle politique. Son action dans les questions d'Italie, des Etats-Unis, des provinces danubiennes, du Mexique, de Suez et du Danemark, soulève déjà partout des doutes sérieux, même en Angleterre, et l'on se demande où peut mener une telle stratégie? Le monde antérieur a pu n'être qu'un échiquier, où l'artifice et l'habileté pouvaient jouer la fortune, la destinée et la vie des peuples. Mais le monde moderne a une telle conscience de son droit, de sa force, de ses ressources, de la paix et de la civilisation, que tous les manéges de l'intrigue, tous les artifices de l'égoïsme ne sauraient arrêter longtemps son mouvement, ni ajourner l'avénement définitif de la justice dans le règlement de toutes choses. Quand les rois eux-mêmes parlent si juste et si bien de la conciliation et du progrès, l'Angleterre ne saurait ni rien arrêter ni même rien troubler.

L'heure d'agir est donc venue. Les monarques du continent qui se montrent déjà si pénétrés de l'esprit moderne, n'ont qu'à entrer résolûment dans le rôle nouveau et splendide que leur offre le congrès, que le progrès des idées leur rendra facile et que la bénédiction des peuples acclamera. L'Europe les attend.

Encore une fois il faut qu'on le remarque : malgré les difficultés qui semblent s'accumuler comme en une suprême épreuve, la situation est belle, solennelle et décisive. Que les gouvernements laissent leurs vaines disputes, que les rois bannissent du dernier repli de leur esprit toute ambition personnelle, toute réminiscence féodale; Dieu leur offre à tous une occasion unique, un sol merveilleusement préparé, la plus belle bataille à livrer, la plus splendide victoire à remporter. Ah! s'ils tiennent à la sécurité de leurs dynasties, si la gloire les touche, si l'avenir les intéresse, si la civilisation et la grandeur de l'Europe les émeuvent, qu'ils secouent la paperasse de leurs chancelleries, qu'ils arrachent leurs diplomates de leur obscure ornière et qu'ils les poussent résolûment sur le solide terrain de la réconciliation, de la paix, de l'ordre et du pacte européens!!! Ils n'ont besoin ni de flottes, ni d'armées pour s'illustrer tous et à jamais par la plus belle des conquêtes. Trois mois leur suffisent pour décréter le salut, la prospérité et l'incalculable puissance de l'Europe. O Monroë, l'Amérique n'était pas le champ propice à ton système, et ton erreur était profonde sur l'Europe! Celle-ci, du moment où ses rois le voudront, peut étendre partout dans le monde, même sur cette Amérique du Nord, encore si éloignée de la civilisation, son influence salutaire, et sans recourir ni à la violence, ni à la force, elle peut, par sa seule présence, par ses conseils et la forte élasticité de ses moyens, faire comprendre à la race humaine que le temps est venu de se reconnaître et de se donner la main.

Certes, si l'on veut considérer seulement que l'Europe pacifiée, unie et résolue peut déployer dans l'univers une flotte de plus de six mille vaisseaux et une armée de plus de trois millions d'hommes, non moins soldats de la civilisation que de la guerre, il sera bien facile d'apercevoir le magnifique horizon qui s'ouvre devant ce puissant Occident, à qui Dieu semble avoir confié la sublime mission de civiliser le monde ; les rois peuvent faire lever sur l'Univers le soleil de la justice, selon l'énergique expression de l'Ecriture, et y produire un mouvement de régénération, dont la pensée mesure à peine l'étendue et la grandeur. Il suffit aux gouvernements de l'Occident d'entrevoir que le vieux temps est épuisé et qu'une ère nouvelle se lève. La simple vue de la situation et du rôle que la Providence leur offre doit les transfigurer. Le congrès est le foyer d'où doit sortir cette splendide révolution. De grâce donc, que l'aristocratie britannique sorte de ses nuages ; ou bien, si elle s'obstine, que les rois du continent ouvrent résolûment le congrès ; tant pis pour ceux qui ne veulent pas voir. La porte d'ailleurs peut rester ouverte pour ceux à qui la solitude aura rendu la raison. L'Angleterre est responsable devant le présent et devant l'avenir de tout le bien que ses calculs personnels peuvent ajourner aussi bien que du sang européen qui serait versé. Sans même la sommer de réaliser enfin dans ses actes ce christianisme qu'elle affiche si haut en face du catholicisme, dont elle étale les infirmités avec une complaisance souvent si amère, on peut lui affirmer que ses propres intérêts lui font un devoir d'élever enfin son âme aux aspirations de la civilisation moderne; on peut lui affirmer que, dans l'évolution qui transforme le monde, l'unique moyen de faire ses propres affaires, c'est de prendre résolûment sa place dans le congrès, d'y oublier ses pusillanimes combinaisons et de s'y mettre au service de la grande pacification à laquelle l'empereur Napoléon a convié l'Europe. La vérité monte et déjà déborde. Si la guerre ne prouve rien, l'antagonisme, la rivalité, la jalousie sont insensés et la haine entre peuples européens est un crime; il faut donc reconnaître et professer hautement que l'intérêt de chacun est solidaire de celui des voisins; que quand un seul est malade, tous les autres souffrent, que rester dans le vieux système, c'est frapper l'Europe d'une contribution annuelle de plus de deux milliards inutilement dépensés à nourrir un excédant armé, qui ne sert qu'à entretenir la crainte qui paralyse et l'antagonisme qui trouble. C'est là vraiment l'inexpiable contre-sens du XIXe siècle. Puisque l'Angleterre est la première financière du monde, elle n'a qu'à faire le calcul, et alors le bon sens la défie de ne pas reconnaître l'exceptionnelle grandeur de l'idée de Napoléon III.

IX

LE PROGRAMME.

Mais, dit-on, le congrès ne peut se réunir que sur un programme déterminé et accueilli d'avance, parce que les conflits qui pourraient survenir dans son sein le feraient avorter inévitablement. L'objection est singulière et se heurte au sophisme. D'abord à qui confierez-vous le soin de dresser le programme, quand vous vous montrez défiants, au point de ne pas même vous donner le temps d'examiner la proposition? Qui peut espérer concilier, à distance, tant d'intérêts si délicats, lorsque, dans leur isolement, ceux qui auraient le plus d'intérêt au calme et à la transaction sont si prompts à prendre feu et à pousser les choses aux extrêmes? Les gouvernements, comme les hommes, ont leurs passions; et ce n'est jamais dans la solitude qu'ils ouvrent leur âme aux généreuses transactions; il vous faudrait dix ans de diplomatie peut-être pour vous entendre sur un programme proposé par l'un de vous; si d'ailleurs vous pouvez d'avance préciser et accepter un programme, à quoi bon le congrès! vos diplomates y suffisent. Si maintenant vous limitez le congrès aux quelques points dont il plaît à l'obstination de faire l'éternel souci de l'Europe, le congrès n'a plus ni caractère, ni portée; que si par aventure vous voulez dérober ces points à la discussion, ou bien les maintenir, vous le savez très-bien, votre congrès est impossible. La guerre seule peut aborder la solution, la trancher aujourd'hui pour vous, demain contre vous. Mais alors que gagnez-vous en réalité? que faites-vous autre chose que de vous retourner dans votre vieille ornière? Enfin, qui est celui d'entre vous qui oserait tenter même l'essai du programme, quand il ignore le point de vue de chacun? Non, votre objection n'est pas sérieuse, car vous savez parfaitement que le programme ne peut se formuler qu'en conseil, quand chacun de vous aura sincèrement exposé sa pensée et que, en présence de toutes vos pensées nettement formulées, chacun de vous aura pu prendre connaissance de vos sentiments comme de vos passions. Alors, seulement, sous l'empire de l'intérêt général toujours puissant sur des hommes assemblés, chacun de vous pourra dégager l'équitable solution et se porter du côté où l'appelleront la justice, l'équilibre et la civilisation. Ce qui vous retient, ce n'est donc nullement l'absence du programme, mais votre manque absolu de l'esprit de conciliation ou votre inintelligence de vos véritables intérêts comme des aspirations de la civilisation moderne. Vous voudriez un congrès terre à terre; celui-là, vous avez raison, ne saurait aboutir; mais ce n'est pas là non plus le congrès auquel vous êtes conviés. Le programme de celui-ci est plus haut et de plus large ampleur.

Le congrès avant la guerre n'a pas uniquement pour but de régler les quelques points auxquels il plaît à quelques-uns d'entre vous d'enrayer le mouvement présent des choses. Si vous vous renfermez dans ce cercle, votre œuvre sera vaine et caduque; mais vous avez à porter vos vues plus loin et plus haut; c'est pour l'avenir que vous êtes appelés à l'insigne honneur de stipuler. C'est en vue de la prospérité des peuples et du bienfaisant ascendant de l'Europe qu'il faut assurer, pour le bonheur du monde, que chacun de vous doit dégager son âme des misérables dissentiments qui vous divisent et l'élever à cette équité souveraine qui seule définit les rôles, montre à chacun sa voie, vivifie les intérêts de chacun par l'intérêt général et appelle toutes les forces vives à chercher le bien comme la gloire de leur patrie dans la prospérité de toute l'Europe et dans le progrès de la civilisation. C'est là le vrai point de vue du congrès; et là aussi tous les monarques de l'Europe sont sûrs de trouver de solides destins pour leurs maisons royales, comme une gloire sans exemple devant la postérité.

Les questions qui tiennent tout le monde en souci sont certainement graves; la situation de la Pologne, de la Hongrie, de Rome, de la Vénétie, de la Grèce, du Danemark et de la Roumanie présentent à coup sûr de grosses difficultés; mais elles ne sont en réalité que d'une importance secondaire, si on les compare à la direction générale qu'il faudrait déterminer pour la politique européenne et au pacte définitif qu'il faudrait conclure, pour assurer à l'Europe sa sécurité intérieure et la libre disposition de ses forces à l'extérieur; or le congrès proposé, si on ne veut pas en rapetisser l'idée ni la portée, doit avoir un double but : définir, fonder l'ordre européen et tourner désormais l'activité et la salutaire influence de l'Europe vers l'extérieur. La lutte ni la guerre n'ont plus ni sens ni motifs entre peuples européens. La conquête y est même impossible, si l'on veut bien reconnaître que la violence n'a pas gagné ni un homme ni un jour de sécurité à ceux qui l'ont employée; on peut envahir, opprimer, si on est le plus fort et peu sensé, mais on ne conquiert rien de ce qui résiste; tant l'esprit européen définitivement dévoué à la justice, à l'ordre, à la mansuétude et à la liberté humaine, répugne à tout ce qui affecte la domination, la force et l'asservissement. L'Europe a soif de conciliation et considère comme temps perdu et comme un contre-sens toutes ces dissidences factices, uniquement entretenues par les fausses idées d'une géographie stratégique, complétement déconcertée par les nouveaux moyens d'attaque ou de défense et plus encore par la logique des idées et la solidarité des intérêts. La force réelle est uniquement dans un bon gouvernement, dans l'équitable conciliation des intérêts et surtout dans le respect des nationalités. Tant que l'on ne donnera pas satisfaction à celles-ci, on pourra jouer la partie sanglante sur la toile de Pénélope; mais on n'avancera pas ni d'une ligne, ni d'un jour. L'histoire intérieure de l'Autriche, de Rome, de la Turquie, de la Russie, de l'Angleterre elle-même, en sont l'irréfragable preuve.

Le congrès a donc pour but d'amener, par une discussion amicale et approfondie, tous les gouvernements de l'Europe à prendre une connaissance plus exacte et plus complète de l'état des esprits, des choses et des besoins de l'Europe, à reconnaître que, l'hostilité n'existant plus de peuple à peuple, l'antagonisme et le point de vue personnel des gouvernements font seuls la guerre moderne, à chercher enfin leur force comme leur sécurité dans une mutuelle concession, pour donner en commun satisfaction complète à la civilisation par la justice et la liberté. Est-ce à dire qu'il détacherait radicalement la Pologne de la Russie, la Hongrie, la Vénétie même de l'Autriche, telle partie de l'Allemagne pour la donner à la Prusse, telle partie des provinces rhénanes pour les réunir à la France, l'Irlande de l'Angleterre, etc., etc. ? Nul ne saurait l'affirmer ; et tel de ces déchirements tant désirés, tant poursuivis aujourd'hui par l'opinion militante, pourrait bien, une fois accordé, n'être qu'une déception et devenir peut-être pour l'Europe un embarras et un souci plus grand qu'on ne le pense. Il y a certainement moyen de donner satisfaction aux nationalités et de mettre fin aux gratuites souffrances que la politique actuelle impose à tant de populations, sans même aller jusqu'à la complète séparation ; le congrès à coup sûr, en avivant la bonne volonté de chacun, en mettant en évidence la supériorité de la liberté, de la mansuétude et de l'ordre nettement défini pour tous, en élevant les âmes aux transactions généreuses et en fondant l'autorité des gouvernements comme la liberté des peuples sur le principe d'une solidarité commune, parviendrait à convaincre tout le monde, qu'une mutuelle concession sincèrement acceptée de part et d'autre et solennellement affirmée, deviendrait facilement le point de départ d'une politique autrement grande et féconde et la réciproque garantie d'une sécurité que le monde obtiendrait pour la première fois.

Ce point une fois acquis, les princes ayant donné le plus noble exemple les premiers, on peut demander avec confiance quel serait le pays en Europe, où les agitateurs, les violents ou les conspirateurs trouve raient un écho! L'esprit le moins enthousiaste entrevoit ici une perspective sur laquelle il est permis de promener son regard et d'arrêter sa réflexion. Ici on se prend malgré soi à rêver sur la subite apparition de cette magnifique idée du congrès, qu'un grand esprit jette tout à coup au milieu de la confusion générale, afin d'ouvrir à chacun une voie facile et glorieuse pour sortir de ses embarras, entrer dans une politique facile, féconde. L'empereur Napoléon a véritablement trouvé dans l'adversité le secret et la résolution de devancer son temps. Sa grandeur sera de n'avoir rien oublié sur le trône de ce qu'il avait appris, pendant les mauvais jours. Son idée de congrès avant la guerre est une de ces conceptions qui changent la méthode des choses et leur impriment une direction nouvelle et supérieure. Comme le fait remarquer le roi de Portugal, avec un sens profond : *Il restera à la France la gloire d'avoir posé un nouveau principe hautement philosophique*.

Pour voir sortir rapidement de ce principe des conséquences inespérées, il suffira aux gouvernements d'envisager franchement et sans parti pris leur vraie situation. Ils tiennent tous en leurs mains, et dans le sens le plus absolu du mot, la fortune, le repos et la grandeur de l'Europe. Les peuples, malgré le sentiment profond des pernicieuses lenteurs qu'une politique souvent étroite, obscure ou passionnée oppose au progrès des choses, gardent une attitude docile et confiante; ceux même que l'excès du mal pousse au désespoir, se sentent inclinés à une équitable conciliation. Il dépend donc entièrement des maîtres de la politique de tout concilier ; il leur suffirait de renoncer entre eux à toute pensée de rivalité pour appliquer ensemble leur commun effort à la pacification réelle de l'Europe. La responsabilité des gouvernements devient par là plus grave que l'on ne pourrait le dire. Jamais elle n'exigea de leur part autant de sagesse, jamais elle ne leur imposa d'aussi impérieux devoirs et ne leur créa une situation aussi délicate. A eux la gloire de la paix ! à eux aussi le sang inutilement versé !

Comment donc ne saisiraient-ils pas avec empressement l'idée du congrès, dont le résultat immédiat serait d'alléger cette responsabilité, en leur conciliant plus fortement l'esprit des peuples, en dissipant les funestes préjugés qui entretiennent encore tant de divisions ! Qui ne voit, en effet, le désarmement des esprits sortir immédiatement d'une transaction loyale, intelligente et équitable ? Cette transaction ferait aux rois des jours non moins tranquilles et non moins heureux qu'à leurs peuples. Ce serait à coup sûr calomnier les monarques que de craindre qu'un seul parmi eux n'aperçoive pas déjà cette magnifique conséquence. La lutte incessante, l'agitation souterraine, l'éternelle secousse toujours prête à éclater, depuis cinquante ans, contre l'impuissance et les vices des traités de 1815, ne souffrent pas d'objection contre le système qui doit sortir du congrès ; et si quelqu'un parlait encore de la surexcitation de quelques sectaires, qui s'en vont à travers l'Europe poursuivre, dans l'isolement, leurs rêves impossibles, ce serait certainement que la peur lui aurait enlevé le sens de la réalité.

Que les rois, donc, entrent au congrès avec la ferme pensée de faire tout sacrifice exigé par l'évidence des choses et la pacification de l'Europe ; qu'ils fassent entre eux leur transaction et la scellent de leur loyale parole ; les peuples auront bientôt fait la leur. Ceux-ci, partout assez éclairés sur les conditions de l'ordre, du gouvernement et de la stabilité, accepteront facilement le vrai et l'équitable ; on soumettrait aujourd'hui, même en Russie, au vote des peuples la solution de la question qui tourmente le plus la diplomatie, qu'il ne faudrait pas s'étonner d'en voir sortir la plus sage solution. C'est là le fait capital et fécond de la situation. Tout le débat se résume au fond à savoir si les diplomates veulent continuer à jouer leur partie sur la tête des peuples et à leur insu, ou bien s'ils comprennent que le temps est venu de parler et d'agir au grand jour, et où toute question, quelque grave qu'elle soit, perd immédiatement sa gravité et se réduit à une combinaison d'équité, du moment où elle est soumise à la conscience publique. C'est là le point critique à franchir ; en deçà ce sera toujours la vieille politique avec ses nuages, ses cruautés à froid, sa stérilité mortelle ; au-delà c'est le grand ciel de la vie, de l'action, de la sécurité, des nobles choses et du progrès indéfini ; c'est la politique du congrès.

Sans doute personne n'attend qu'une révolution si

radicale s'opère immédiatement dans la diplomatie ; mais personne aussi ne saurait douter que, dans une réunion où les maîtres de la politique viendront loyalement exposer leur pensée sur toute chose, leur sagesse et leur réflexion ne trouvent le moyen de donner la parole et le pas à la conciliation et à la vérité. Des idées de tous mises en commun doit d'abord résulter pour chacun une appréciation plus juste de ses propres intérêts et de ses propres devoirs ; ensuite la transaction décrétée par tous aura sur les peuples un ascendant décisif, qui produira partout un apaisement immédiat et l'heureuse disposition de chercher le repos et la fin des misères ailleurs que dans la violence et dans la lutte éternelle. A moins qu'il ne faille désespérer de l'humaine raison ou croire qu'elle subit des éclipses totales, on doit admettre qu'une nationalité quelconque ne refusera pas une condition meilleure, si elle voit venir à elle la volonté loyale et résolue de mettre fin à ses maux.

Supposons, par exemple, que demain l'Autriche, avisée enfin, par sa cruelle expérience, que la Vénétie n'est pour elle, dans la condition où il lui plaît de la tenir, qu'un perpétuel souci et une lourde charge, lui rende son autonomie, même sous la suzeraineté d'un prince autrichien, qui est-ce qui ne gagne pas à cette modeste et insuffisante combinaison ? La maison des Habsbourg y trouve une place d'honneur pour l'un de ses membres, la Vénétie sa liberté et son repos, l'Autriche une économie de cent mille hommes, c'està-dire de cent millions par an, et le jeune empereur la gloire d'un acte de souveraine justice. Pourquoi Venise, après de si cruelles épreuves, ne trouverait-elle pas bons l'indépendance et le destin dont Florence a joui pendant si longtemps, sous un gouvernement autonome ? Ce serait peu pour l'Italie peut-être, mais à coup sûr ce serait un grand bien pour Venise et presque un principe acquis pour l'avenir.

La question de Pologne est non-seulement pour la Russie, mais encore pour toute l'Europe un souci et un remords. Depuis trente ans elle a pris le caractère d'une lutte à mort entre une nation d'une héroïque vitalité et une nation d'une supériorité de forces relativement démesurée. Les choses en sont venues à cette extrémité que, si on laisse les deux éléments aux prises, la pensée n'entrevoit qu'une fin possible, l'extermination des Polonais par les Russes. Mais admettons pour un moment que la Russie soit arrivée à l'extermination, qu'aura-t-elle gagné à ce forfait qui dépasserait toutes les tragédies de l'histoire ? Peut-elle espérer que les membres sanglants de cette nationalité polonaise ne se réuniront pas, à un jour donné, et ne feront pas éclater une explosion d'autant plus terrible que le peuple russe lui-même aura pris parti pour l'immortelle victime ? Qui pourrait calculer la puissance de fermentation que les membres dispersés de la Pologne développeraient au dedans et au dehors de la Russie contre les Russes! Rome aussi extermina beaucoup et longtemps ; eh ! ce fut sa perte comme son déshonneur ! La nuit est sans doute profonde encore dans l'esprit des paysans russes; cependant les idées viennent vite aujourd'hui, et personne ne saurait affirmer que le peuple russe n'apercevra pas demain que la cause qui se débat en Pologne est au fond celle de la liberté, de la sainteté de la famille et du droit de vivre! L'horrible hécatombe d'une nation entière n'est-elle pas d'ailleurs une de ces impossibilités contre laquelle la nature humaine proteste et qu'elle venge tôt ou tard? Or, si l'obstination poussait les choses à cette extrémité inouïe, qui peut mesurer la profondeur du bouleversement qui pourrait survenir dans le sein même de la Russie? Il semble donc impossible que le gouvernement russe puisse songer à déplacer, à disséminer la Pologne. Il n'est pas même permis de lui supposer un aussi détestable dessein. Mais alors la Russie doit reconnaître que sa politique appliquée à la Pologne depuis trente ans est fausse, mauvaise de tout point, radicalement impuissante. L'empereur Alexandre II lui-même a eu le rare et glorieux mérite de désavouer le système de son propre père Nicolas Ier. Il y a néanmoins toujours là une question suprême, qui, laissée au cours fatal d'une lutte nationale, effraie la pensée elle-même.

L'humanité impose à tous le devoir d'en dérober au plus vite le dénouement à la force, autant pour l'intérêt de la Russie que pour l'honneur de la civilisation de l'Europe. Eh bien, supposons que demain le congrès réuni et ayant reçu de l'empereur Alexandre la concession d'un État polonais libre et constitué sous la perpétuelle suzeraineté de la Russie, avec le gouvernement d'un Romanow, dise de la Pologne : La raison du temps présent ne peut pas mieux faire pour vous, et l'empereur Alexandre II vous accorde tout ce qu'il peut vous accorder, à notre avis ; le congrès est unanime pour garantir aux deux partis la pleine exécution de la présente transaction ; quelqu'un pourrait-il croire que le parti de la résistance en Pologne répondrait par un refus ? A coup sûr, non ; et si la noblesse polonaise, qui a déjà fait tant de fautes, allait jusqu'à cette fureur, le peuple polonais en masse se lèverait pour la désavouer. L'Europe entière serait de son avis et réduirait d'un mot les opiniâtres à l'impuissance. Il suffirait donc de faire taire un instant la passion et d'envisager la question avec une certaine fermeté, pour ne pas trop demander à la Russie ni trop promettre aux Polonais ; et l'on peut être assuré que, devant la nette résolution du congrès, toute l'effervescence polonaise serait bientôt tombée ; l'Europe aurait sauvé un noble peuple et préparé la sincère réconciliation des deux nations ; car personne ne peut admettre de haine inexpiable entre deux nations. Si les patriotismes polonais et russe allaient à cette extrémité, ils seraient également en dehors de la civilisation et également tartares. L'Europe aurait rendu un incalculable service à la Russie, et se serait affranchie elle-même d'un exécrable remords. Ceci est l'issue fatale ; on peut n'y arriver qu'à travers une mer de sang versé, mille honteux subterfuges et mille criminelles surexcitations. La question se résume à savoir s'il est meilleur de revenir aux nobles intentions d'Alexandre II et de développer l'état polonais, à côté de la Russie, sous le sceptre des Romanow, ou d'enivrer les Polonais de vaines paroles, en condamnant la Russie, qui a aussi son point d'honneur, sa diplomatie, son histoire et son caractère, à ne voir dans la Pologne qu'une hydre qu'elle est forcée de mutiler tous les quinze ans. Le sujet est si grave, si navrant, que ce serait de la dernière cruauté de risquer la moindre illusion. Il y a donc devoir impérieux à envisager la réalité. La Russie a eu la loyauté de proposer elle-même un congrès particulier, en juillet dernier; elle a répondu à l'appel de Napoléon III, en termes qui honorent l'empereur Alexandre. Il serait donc temps de renoncer au dénigrement sonore, mais parfaitement impuissant, qu'on a systématisé contre la Russie, d'aborder la vérité de la situation, et d'aller efficacement et en toute sincérité au secours de l'infortunée Pologne, non pas avec des phrases ni avec des armées, qui ne peuvent rien terminer, mais avec une solide transaction conclue par le congrès. La complexité de la question polonaise crée une de ces difficultés que les armes ne résolvent pas. Ceux qui veulent réellement la fin des misères polonaises doivent peser une réflexion bien simple : qui a donc le droit de sacrifier deux millions de Français, d'Italiens, d'Espagnols ou d'Anglais pour assurer quelques années d'un répit précaire à la Pologne ? qui ensuite est décidé à entretenir pendant cinquante ans une armée de cent mille hommes en Pologne, pour abriter le nouveau royaume polonais et y *maintenir l'ordre intérieur ?* Voilà la question vraie, dans sa nudité. Travailler au bien des Polonais de concert avec la Russie, c'est possible et sage ; vouloir l'accomplir sans et contre la Russie, c'est une entreprise moins humaine qu'on ne le croit.

Quand on veut sincèrement réussir, il faut au moins envisager l'obstacle et apprécier les moyens. Dans la guerre surtout, il faut au moins reconnaître l'ennemi. Or pour qui ne se paie pas de mots ou qui ne se laisse pas exalter par les hallucinations de l'aventure, l'ennemi de la Pologne n'est pas seulement à Pétersbourg, il est tout aussi impitoyable à Vienne et à Berlin. Il n'est pas permis d'oublier que, si la conscience de Marie-Thérèse se reprocha toujours le partage de la Pologne, ses descendants ont accepté son péché avec passion. Les Habsbourg tiennent autant à la Gallicie que les Russes à Varsovie, et ils se sont montrés autrement sanguinaires dans leurs moyens de retenir leur proie. Qu'on se souvienne du massacre officiel de la noblesse gallicienne, en 1846, ordonné par la cour de Vienne. Dans la question, l'Autriche sera donc contre la Pologne, tant qu'on voudra la résoudre par la guerre, parce que, outre son âpreté à la conquête, l'Autriche verra toujours toute son existence mise en péril par une guerre victorieuse en Pologne.

Quant à la Prusse, qui fut l'ennemi mortel du premier jour, ce sera toujours volontaire duperie que de croire à une seule de ses paroles en faveur de la Pologne. Elle est rivée à son hostilité contre celle-ci, non-seulement à cause de l'importance du grand-duché de Posen, mais encore par l'obstination que les gouvernements mettent toujours à maintenir leurs méfaits.

Quoique depuis longtemps déshérités du génie du grand Frédéric, les Hohenzollern n'ont rien perdu de son âpre esprit de conquête. Dans la guerre, ils seront toujours contre la liberté des peuples et la sécurité de leurs voisins. Leur conduite dans l'affaire présente du Danemark prouve aux plus confiants que, malgré toutes leurs prétentions civilisatrices, ils en sont encore à toutes les convoitises de la vieille hostilité, et n'ont aucune des aspirations de la civilisation moderne. Le génie de Napoléon Ier échoua à faire de la Prusse un élément organisateur. Il y aurait donc insigne naïveté à rien en attendre, tant qu'un événement décisif ne les aura pas emportés dans la sphère des idées modernes. Ils suivent, mais ils ne marchent pas. Une guerre épouvantable pourrait peut-être les briser ou les convertir ; mais le moyen est contraire aux intérêts de la civilisation. Le congrès seul offre l'issue logique et sûre pour les amener à sortir enfin de cette avidité de vautour qui, depuis 1742, marque la politique prussienne. Dans le congrès, en effet, l'examen attentif et approfondi des réels intérêts de tous et de l'Europe doit nécessairement subordonner toute convoitise personnelle et dégager un esprit supérieur de justice, d'ordre, d'équilibre et de vérité, devant lequel toute ambition contraire au bien général n'osera pas même essayer la résistance. Comme les autres hommes, les rois et les gouvernements, dans leur solitude, rêvent facilement de leur ambition; mais en face de leurs pairs, ils se sentent immédiatement rappelés aux saintes lois de l'humanité; quelle que soit leur nature, ils sont inévitablement transfigurés, au point que pas un n'oserait ne pas être de son temps. Or, à l'heure où le congrès se propose, il y a dans tous les esprits et dans toute l'Europe un sentiment de la justice, de la paix et de la guerre, une aspiration à la fraternité des peuples, une idée de solidarité et un sens lucide de la civilisation, qui ne se sont jamais rencontrés dans le monde. Le congrès avant la guerre devient naturellement le creuset où tous ces éléments doivent venir se fondre, s'assimiler et se condenser en un droit nouveau, supérieur à tout ce qui a existé, et qui fondera la réelle supériorité de l'Europe. Quiconque donc veut sincèrement des solutions et non des palliatifs, doit les demander au congrès. La Pologne, pas plus que le reste de l'Europe, n'a rien à attendre que du congrès avant la guerre, parce que seul le congrès avant la guerre possède la force de placer les contractants dans cette heureuse situation d'esprit, où les hommes oublient leurs malsains projets pour aller à la vérité, à la justice et à la dignité de l'humaine nature. Quel est le prince, le monarque ou l'Etat qui voudrait s'exposer à être maudit par la conscience générale et sifflé par les peuples de l'Europe entière, au sortir du congrès?

Le dilemme est fatal : ou les gouvernements de l'Europe veulent réellement le bonheur de leurs peuples et comprennent la grandeur de l'Europe avec la civilisation du monde ; ou bien ils n'ont souci que de la fugitive vanité de leur blason.

Dans le premier cas, leur intelligence ne peut rien attendre de la guerre, même faite dans les conditions les plus héroïques et les plus glorieuses. L'histoire n'a point d'expéditions plus nobles par leur but que celles de Crimée et d'Italie, dont toute la valeur s'est trouvée dans leur contre-coup ; et cependant on peut affirmer qu'elles n'ont rien résolu, ni rien guéri. La Turquie n'a été ni sauvée ni améliorée par la première ; l'Italie a sans doute été émancipée par la belle campagne de 1857 ; mais son droit y a-t-il été sincèrement reconnu et son destin complétement assuré ? Les indicibles embarras et les misérables sous-entendus qui persistent, répondent péremptoirement. Que la France reste neutre, ou bien qu'un homme manque en Europe, et tous les diplomates du lendemain verront ce que l'on édifie par la guerre. Ce point est hors de question pour tout esprit de bonne foi. C'est d'ailleurs une chose élémentaire que la guerre irrite, humilie, meurtrit et ravage, mais ne fonde ni ne concilie rien entre nations, entre gouvernements surtout, Tout l'avenir est engagé à admettre ce point capital :

il faut élever la théorie du *casus belli* à la hauteur d'un devoir imposé par l'autorité fédérale, pour que la guerre soit sensée et décisive. Donc le congrès est à la fois un principe et un sommet ; la politique générale en découle, et la civilisation s'y abrite.

Mais peut-être certains gouvernements, certains monarques du XIXe siècle, croient-ils encore que l'écusson royal est le premier des intérêts et la prérogative le plus sacré des droits, en deux mots que *l'État c'est le roi*. Certainement, à considérer ce cercle de complaisants qui entoure tous les pouvoirs naissants des mêmes fanatismes intéressés, toujours prêts à exagérer jusqu'à l'insolence la prérogative gouvernementale, sous le moindre galon officiel, au milieu de cette Europe si profondément démocratique, on conçoit que le roi de Prusse s'exalte encore quelquefois, en regardant son blason féodal. Mais il faut cependant reconnaître que l'immense majorité des monarques européens se montre partout pénétrée de sentiments autrement justes sur la réalité des choses et les tendances générales. Quand l'empereur de Russie écrit cette grave parole : *L'expérience atteste que les conditions du repos du monde ne résident pas dans l'immobilité, mais dans la conciliation de l'histoire avec le progrès qui est la loi du présent et de l'avenir ;* quand le roi de Portugal déclare le congrès avant la guerre *un principe hautement philosophique*, on peut affirmer que les monarques de l'Occident comprennent leur temps ; on peut prédire qu'ils ne se laisseront ni tromper ni arrêter par la minorité des attardés qui se cramponne à la vieille politique, pas plus que par la turbulente phalange des ardents, qui, pour un autre but, mais par les mêmes passions, s'obstinent à tout espérer de la guerre et du bouleversement. L'Etat n'est donc plus le roi, mais le roi est avec et pour l'Etat.

X

CONCLUSION.

Si donc les rois sont avec leurs peuples et pour leurs peuples, comme l'attestent leurs réponses à la proposition de l'empereur Napoléon, il leur suffit d'imposer silence aux clameurs égoïstes des trembleurs et des habiles, qui vivent de vieilles pratiques et nourrissent leur fortune des antagonismes aveugles; alors le programme du congrès leur apparaîtra dans sa simplicité comme dans sa grandeur.

Cette magnifique Europe leur apparaîtra telle qu'elle est, avec son génie profondément humain et civilisateur, avec sa ferme foi dans la justice, avec son inébranlable confiance en la liberté et la responsabilité humaines, avec sa puissance d'intelligence, de travail, d'organisation et d'industrie, avec son invincible dédain pour tout ce qui divise, amoindrit, abaisse l'homme, avec sa forte résolution de conquérir la paix chez elle, pour sommer le reste du monde d'entrer avec elle dans le progrès ou tout au moins de lui laisser accomplir son œuvre.

Alors il leur sera facile d'apercevoir non-seulement en Pologne et en Italie des questions qu'il est insensé pour tous de laisser subsister, mais encore en Hongrie, sur le Danube, en Grèce et en Allemagne, des situations dont un seul acte résolu peut faire disparaître les anomalies ou les difficultés.

Ils apercevront à l'extrémité de l'Europe la plus émouvante injustice, le contre-sens le plus lamentable qui se puisse imaginer, une population chrétienne, intelligente et brave, destituée, opprimée, étouffée par l'absurde despotisme turc, campé en Europe depuis quatre cents ans, uniquement pour y désoler une des plus belles, des plus fécondes terres du monde. O congrès, fin sublime de tous les malentendus, de toutes les fausses peurs, de toutes les pusillanimes rivalités, il te suffirait de trois mois, pour rendre à l'Europe sa paix, sa liberté, la libre disposition de ses forces, la mettre dans sa voie et lui permettre de réaliser, dans le monde, les desseins dont Dieu lui a toujours confié l'exécution. Le moyen âge si troublé, si embarrassé, eut la grande idée de la croisade ; quoique saint, le but était en apparence borné ; mais sa foi naïve préludait par de pieux combats au grand destin que Dieu réservait à l'Europe, de fonder l'ordre dans l'humanité. Nos pères de 89 à 1814 eurent le ferme sentiment de cette noble mission, et laissèrent dans leurs constitutions, dans leurs professions de foi, dans leurs entreprises comme sur leurs champs de bataille d'Europe, d'Amérique, d'Afrique et d'Asie, la forte promesse qu'un jour leurs descendants, réconciliés dans la foi de la civilisation, reprendraient leur œuvre, pour la mener à fin. Eux aussi entrevirent les peuples de l'Europe associés dans la liberté par l'intelligence de leur commune mission ; eux aussi voulaient l'Europe pacifiée et heureuse, la mer libre et sûre, l'Asie et l'Afrique arrachées au léthargique sommeil, où les retient un brutal fanatisme, et ouvertes au courant régénérateur de la civilisation ; et ils débutèrent en déclarant la liberté de l'Amérique et en portant la civilisation de l'Occident jusqu'aux pieds des Pyramides. Malheureusement alors l'Europe n'avait pas encore conscience d'elle-même, en était encore à ses rivalités intestines, et leur œuvre avorta, parce que le temps n'était pas venu, parce que surtout l'Angleterre, trompée par ses égoïstes calculs, se croyant d'ailleurs menacée, se fit partout le génie de la résistance et le défenseur de la barbarie.

Mais aujourd'hui tout est changé ; les forces de l'Europe sont centuplées ; les peuples ont tous communié dans la même foi au droit et à la civilisation ; ils ont grandi dans les miracles de l'industrie moderne. L'univers a perdu ses distances, et pas un barbare ne peut impunément porter atteinte à l'Européen, même aux extrémités de la terre. Les monarques de l'Occident n'ont donc qu'à vouloir, pour mettre réellement la terre en la possession de l'humanité. La tendance et la force des choses sont là, pour peu qu'on aille au fond des événements contemporains, on y trouvera la manifeste empreinte du génie nouveau, qui transforme et entraîne, à son insu jusqu'ici, l'Europe à ses véritables destinées; l'avénement inattendu de Napoléon III, son œuvre déjà prodigieuse, l'Angleterre et la France noblement conjurées pour ramener la Russie à un plus juste sentiment d'elle-même, la Turquie défendue et préservée, mais nullement réveillée, l'Italie out à coup affranchie de son mortel ennemi, l'Autriche vaincue et trouvant sa régénération dans son désastre; la Roumanie ressuscitée par un trait de plume, la Hongrie frémissante, mais s'arrêtant tout à coup devant l'espérance; la Russie inaugurant chez elle la liberté de son peuple, l'Angleterre donnant généreusement pour la première fois de sa vie, l'Espagne de Charles-Quint se faisant libérale, le Portugal et la Suède se répondant, aux deux extrémités, dans les mêmes vues civilisatrices, la France, au centre de l'Europe, interprète cette fois encore de ce que la pensée humaine peut concevoir de plus juste, de plus noble et de plus pratique dans le gouvernement des sociétés politiques, quel spectacle émouvant et significatif, quelle splendide situation, qui n'a besoin que d'être comprise pour être réalisée !

O presse de l'Europe, laisse donc là l'inepte expédition austro-prussienne, relève ta grande intelligence à la grande idée du congrès. Tes mille voix sont une des grandes puissances du monde. Ta mission est de défendre la justice et d'élever les âmes à toutes les nobles choses de l'humanité. Le congrès avant la guerre, c'est la consécration de la paix et l'affirmation de l'inviolabilité de la vie humaine. Crie donc à tous et contre tous les suppôts du passé sanguinaire, le grand noël de la civilisation moderne : Justice à tous, ordre dans la liberté, paix à tous les peuples de bonne volonté, progrès dans la civilisation, et pour cela : tout conflit déféré au congrès.

S'il y a une logique en tous ceux qui parlent politique, liberté, justice, religion, mœurs, progrès, civilisation, ils doivent demander le congrès, non pas comme une réunion éventuelle, mais comme une institution dont l'arbitrage souverain devra connaître de tout conflit entre peuples et gouvernements européens, rendre un verdict public à l'Europe sur le droit ou la raison de chacune des parties, avant qu'il soit permis aux deux belligérants d'envoyer leurs plus belles générations à la parade de la mort.

S'il y a la moindre idée d'économie politique dans les assemblées, diètes et conseils qui, chaque année en Europe, traitent de tous les intérêts de leur pays, c'est leur devoir de demander le congrès. Les Démosthènes de l'opposition et les Cicérons du gouvernement se doivent à eux-mêmes, comme à leur pays, d'élever leur éloquence à cette grande idée, sous peine de n'être aux yeux des peuples, les premiers que des artistes de phrases sonores, les seconds que d'éloquents parasites. Et comme leur action exerce toujours et partout une décisive influence sur ceux qui dirigent, il dépend essentiellement d'eux tous de hâter l'avénement de la politique du congrès.

Si les gouvernements ont quelque souci du sang des hommes, de la prospérité de l'Europe et du progrès dans le monde, ils feront le congrès.

Si les rois, princes et empereurs ont le sentiment de leurs intérêts et de leur vraie gloire, s'ils ont quelque souci de leurs héritiers, ils feront le congrès.

Quand les peuples européens auront la pleine conscience des intérêts et des devoirs de chacun, ils feront eux-mêmes le congrès ; il dépend de tout ce qui enseigne, tient une plume ou porte la parole, de préparer sans secousse cette heureuse époque.

Quand les pontifes, philosophes, économistes, diplomates et penseurs à tout degré, voudront reconnaître que tout conflit en Europe n'est qu'une question de bonne foi, et que la difficulté vient toujours et tout entière de la vanité, ou de la convoitise, ou du satanique entêtement de ceux qui savent, mais ont mauvais vouloir, ils demanderont le congrès aux sages de la terre comme à tous les saints du paradis.

Si les monarques et princes de l'Europe se souviennent combien, au congrès de Vérone, on regrettait d'avoir trop combattu la pensée de Napoléon Ier, ils sentiront ce qu'aujourd'hui, après cinquante ans de la plus étonnante évolution des choses et des hommes, l'idée de Napoléon III leur apporte de force, d'influence, de sécurité, de sagesse et de véritable grandeur.

S'ils ne peuvent pas oublier ce que l'Empereur des Français a mis de franche allure, d'intelligente initiative et de ferme résolution dans tous ses rapports avec l'Europe, à Neuchâtel, en Crimée, en Italie, dans ses traités de commerce, en Syrie, sur le Danube, en Amérique, au Mexique, en Allemagne, ils doivent aussi reconnaître, sans arrière-pensée, que la proposition du congrès couronne dignement, devant l'Europe, le système d'une politique généreuse, conciliante, juste envers tous, noblement soucieuse de tous les intérêts et marchant résolûment au plus vrai comme au meilleur de la civilisation. Il y a donc pour tous sagesse et devoir rigoureux d'entrer dans la voie si heureusement ouverte.

Si les *politiques* européens ne sont pas résolus à se pétrifier dans un matérialisme insensé, ils cesseront de livrer au fatalisme des batailles le sang des peuples et la prospérité de l'Europe. La guerre européenne n'a plus sa raison d'être ; aussi périlleuse pour les princes que cruelle pour les peuples, elle n'est plus qu'une halte dans le sang, qui n'a pas même la conquête pour excuse ; celle-ci en effet ressemble déjà beaucoup à un anachronisme. S'obstiner à rien espérer de la guerre en Europe, c'est gravir péniblement la montagne pour aller, à minuit, attendre sur sa cime le lever du soleil. Ce n'est ni plus sage ni plus intelligent. Le moindre éclairci de raison et de bonne volonté en fera plus et mieux que vingt ans de combats.

A la hauteur où sont arrivées les choses et les idées, le moderne Adamastor, qui s'appelle canon rayé, a beau décupler sa force et sa vitesse, sa foudre ne porte plus en Europe. Il faut donc changer d'horizon et prendre son point vers les régions extra-européennes, si l'on a trop de séve à dépenser. Hors d'Europe seulement Adamastor retrouvera sa force, son rôle et son action salutaire. Là, la civilisation a tout un monde à conquérir.

On a beaucoup critiqué les expéditions lointaines, vers lesquelles l'initiative de Napoléon III a dirigé une partie des forces de la France : la verve des forts et la finesse des malins s'y sont donné libre carrière ; on les a appelées des aventures. Ces expéditions, dans l'avenir, porteront certainement un autre nom ; elles entrent plus avant qu'on ne saurait le dire dans le dessein de l'économie générale bien comprise. Quiconque voudra méditer sérieusement l'évolution naturelle des choses, trouvera ces entreprises autrement réfléchies, autrement fécondes que ne le disent certains économistes.

Au milieu de cette Europe rajeunie par la révolution, vivifiée d'une séve nouvelle par le génie de la science, de la découverte et de l'industrie, animée d'un esprit nouveau par le génie de la liberté, il n'est pas nécessaire de s'armer d'une longue-vue pour reconnaître la frivolité et l'impuissance de nos mille petites luttes sur les infiniment petits ; certes, tout le monde peut apprécier l'héroïque bravoure de ceux qui, ayant pris l'empire pour un banquet, ne voudraient pas qu'il remue, crainte que leur litière ne soit dérangée ; tout le monde peut juger la savante politique de ces héroïques sectateurs de l'absolu qui, comme de vrais sorciers, s'imaginent que plus on agite la chaudière, plus le liquide se décante, plus on bouleverse, mieux on construit, et qui usent souvent une âme généreuse entre une haine et une espérance. Tout le monde enfin peut comprendre que l'Europe piétine misérablement sur elle-même, se morfond au milieu de cet obscur *sic* et *non*, dont les attardés du moyen âge s'obstinent à fatiguer son génie.

Mais que demain le congrès se rassemble, qu'il déclare la vieille politique close, qu'il ouvre avec confiance l'ère signalée par la pensée de Napoléon III, et l'on verra ce que peuvent les peuples de l'Europe, quand leurs chefs savent les conduire résolûment dans la voie de Dieu.

L'agitation vaine et souvent criminelle déconcertée, réduite à l'impuissance absolue par le ferme accord des peuples et des rois ;

La sécurité rendant aux uns et aux autres la libre application de leur énergie à toutes les nobles conquêtes de la vie sociale ;

Le génie de l'Europe, affranchi du tumulte intérieur, libre de porter son activité partout dans l'univers, pour y faire triompher la civilisation et y fonder l'ordre sur la justice et la réciprocité du droit;

L'Europe enfin étendant partout sa salutaire influence pour le progrès et pour le salut de l'humanité, tels sont et le sens et la fin suprême du congrès. L'Europe pacifiée, l'Europe prépondérante!

FIN.

Imprimé par Charles Noblet, rue Soufflot, 18.

www.ingramcontent.com/pod-product-compliance
Lightning Source LLC
LaVergne TN
LVHW020419230826
846091LV00004B/1326

* 9 7 8 2 0 1 1 9 4 5 4 9 5 *